EFFECTIVE LEADERSHIP

有效领导

吕峰 著

中国工商出版社

责任编辑：张亚丹
封面设计：王建敏

图书在版编目（CIP）数据

有效领导 / 吕峰著. -- 北京：中国工商出版社，
2025. -- ISBN 978-7-5209-0355-4

Ⅰ. C933

中国国家版本馆CIP数据核字第20253XV569号

书　　名 / 有效领导
著　　者 / 吕峰

出版．发行 / 中国工商出版社
经销 / 新华书店
印刷 / 文畅阁印刷有限公司
开本 / 880毫米 × 1230毫米　1/32　印张 / 6.5　字数 / 134千字
版本 / 2025年3月第1版　2025年3月第1次印刷

社址 / 北京市丰台区丰台东路58号人才大厦7层（100071）
电话 /（010）63730074，63783283　电子邮箱 / fx63730074@163.com
出版声明 / 版权所有，侵权必究

书号：ISBN 978-7-5209-0355-4
定价：69.00元

领导力系统解码：从单向管理到双向共舞

　　领导是一个让人着迷的领域，不仅因为在实践中总是涌现出令人激动的案例，而且理论研究中也在不断提出令人耳目一新的观点。然而，正如人们常说的，"虽然明白了很多道理，仍然不能很好地领导"，实践中的各种扑朔迷离常常让人慨叹：领导是一门艺术。

　　很长一段时间，"提升领导力"都是人们讨论的焦点。就像企业所拥有的动力、能力等一样，似乎有了领导力，经营者自然就能驱动员工不断发展。这就不难理解为什么企业总是在领导者一侧用力，例如，通过不断优化领导力发展项目来提升领导者的能力、调整领导者的行为。提升领导力固然可以解决很多问题，但人们也意识到，尽管领导力发展项目已经非常完善，还是会存在问题。尤其是近两年，员工开始"整顿职场"，这更是让领导力捉襟见肘。

　　要彻底解决形形色色的领导问题，我们最好回到领导的本质上。那么，究竟什么是领导呢？所谓领导，就是为了实现既定的目标，在一个环境下所发生的领导者与被领导者之间的相互影响。通过这个定义不难看出，领导现象是一个系统。既然是一个系统，单纯地强调某个要素，或许能够在一定时间内或条件下带来整个系统的改进，但如果一直在某个要素上用力而忽略其他要素，对整个系统来说，解决问题的方式很有可能成为未来问题的导火索。

本书的基本模型和框架正是基于对领导现象底层逻辑的认识。20 多年前，我就开始尝试用这个思路教学。这些年来，通过有关领导力的各种教学活动，包括企业高管培训班以及教授研究生、本科生等，我常常能够得到积极的反馈。这个最为朴素的模型，大致也是最能将领导学这个具有柔性和弹性的话题说得明白的。当然，过去 20 多年，中国企业经历的各种挑战不仅为本书提供了丰富的案例来源，也让本书所讨论的主题具有更鲜明的实践性。

本书将神秘的领导系统解构，对构成系统的各个关键要素逐一分析，这样在方便读者朋友理解的同时，也能够有针对性地比照自身的领导现状，以便让充满艺术性的领导回归理性。在这里，我们不想用"卓越的""成功的""伟大的"等字眼来形容领导，那样反而会把领导这一非常普遍的现象限定在一个范围内。从领导行为的结果来说，最直接也最准确的修饰语就是"有效"。这也是本书书名的来历。

职场人的领导罗盘：常读常新中校准领导智慧

领导是一种普遍的现象，所以这本书适用于所有职场人。

当然，对于不同的职业角色，不同的职业发展状况的人阅读本书时，感受也会不太一样。但是隔一段时间再看看，相信你一定会有不同的感受。"温故知新"用在这个领域再合适不过了。

本书不是一本纯粹的理论读物，也不是一本流行的口水书。在写作的时候，无论是理论框架，还是案例选择，我都期望它们能够经受住时间的考验。需要参考文献等资料的读者，可通过本书封面二维码，免费扫码获取。恳请各位读者批评指正。

目录
Contents

第 1 章

领导的本质

在商业世界，领导一直以来都是人们津津乐道的话题。不断变化的时代演绎着不同版本的商业传奇，那些在某个行业呼风唤雨的领导者给商业社会带来了无尽的魅力，让人们神往。商业活动的多样性、复杂性和趣味性在一定程度上掩盖了领导的本质，这让人类这一由来已久的行为更加具有神秘性和艺术性。

让我们从领导者的诞生开始，试着勾勒出领导现象的底层逻辑。

领导者的诞生

探寻领导者的诞生之前，先区分一下领导者和管理者。在中文语境中，"领导"这个词有着非常广泛的使用，它似乎与职务或头衔并不直接挂钩，甚至成为人际交往中的一个敬称。相较而言，管理者更容易识别，因为他们通常都有一个职务或者头衔，例如

"总经理""部门经理"或者"车间主任"等。

后面我们还会更进一步地区别领导与管理，这里不妨先做一个简单说明。普遍认为，管理是工作中规则的一面，管理者有条不紊、按部就班地执行各项任务，而领导则是工作中例外的一面。领导者身上最显著的标签就是变化：拥抱变化、管理变化、引领变化。领导者不仅要突破既有的权责边界，甚至还要主动承担组织没有要求的权责。

当然，突破边界只是一个方面，判断一个人能否成为领导者，还需观察他是否愿意接受变化。在变化中，权责边界没有那么清晰。当面对劳动契约之外的职责时，他是否愿意继续执行？与此同时如果他的下属对于变化的职责和模糊的权力也表现出接受与投入，就说明他们服从的不仅有职务权力，还有非职务影响力。这时下属就成了追随者，领导者才算是诞生了。

领导者的诞生大致可以分为以下三种情况。

1. 自然式诞生

以这种方式诞生的领导者没有组织的任命，而是脱胎于人们的互动或博弈。许多组织的领导者诞生时大概就是如此：一群人或者讨论生存问题，或者憧憬未来。在互动中，有个别人站出来，愿意扮演指挥的角色，承担更大的责任。当然，人们也不会随意接受群体中与自己同样的一分子提出的建议。各种互动或博弈为领导者的诞生提供了生存的土壤。刘邦成为领导者的过程算是这类领导者诞生的典型。刘邦押送徒役前往骊山，路途遥远，有些徒役在半路逃跑了。按照秦国的法律，大家都会被杀掉。一天晚上，刘邦决定把剩下的徒役都放了："你们都去逃命吧，我也要远走他乡了。"徒役不知道往哪里走，感觉刘邦这个人还不错，有些人决定跟随刘邦逃到芒砀山落草。之后，刘邦就开始了其领导者的生涯。

在组织创立早期，领导者和组织成员一起摸爬滚打，基本上什么事情都做，正如松下幸之助所说："经营者也要承担端盘子的责任。"在组织成长的过程中，会出现各种各样的情况，有时候领导者的决策是正确的，有时候领导者的决策可能效果不好。人们没有将领导者太当回事，领导者也没有足够的威信。

随着组织规模的扩大，尤其是新鲜血液的不断加入及组织层级的增加，领导者的影响力会不断增强。对于那些一起成长起来的组织成员来说，让他们去认可一个熟人的领导权威，并不是一件容易的事情。换句话说，尽管作为领导者，他已经发挥了相当长时间的作用，但他的影响力或地位还没有得到广泛的认可或确立。

这时候，组织内部制度的建设或者相应仪式的设置有助于领导者的顺利诞生。还是刘邦的例子：随着一次次战斗，刘邦逐步完成了从一个普通人向领导者的转变，但还是需要一件里程碑式的事件来正式宣告领导者的诞生。据史书记载，打败项羽统一天下后，刘邦照旧和功臣一起喝酒热闹，大家也都大呼小叫，不亦乐乎。刘邦觉得自己已经是皇帝了，似乎不应该这样，但又不好意思发作。这时有一个叫叔孙通的儒士，找来自己的朋友和弟子，制定出一套宫廷礼仪，并让大臣们学习并遵守。后来再上朝时，看到满朝文武对自己恭谨的样子，刘邦不禁发出感叹："吾乃今日知为皇帝之贵也。"在隆重仪式和氛围的烘托下，领导者的权力不仅被正式化，而且得到了空前的加强。

2. 蜕变式诞生

接手一个新的团队、部门或组织，便成为一名管理者。管理者只有实现对下属真正意义上的引领，才能完成向领导者的转变。例如，对既定的责权利体系进行重新划分，或是为了完成任务必须变革之前的相关制度等。这种管理者向领导者的蜕变式诞生，在管理实践中更为普遍。

尽管人们喜欢讨论变化，但是带来变化并不容易。管理者向领导者的蜕变，也是存在风险的。如果变化过于随意，就会被下属抵制。人们常说"新官上任三把火"，风风火火不了多久就会趋于平静，回到原来的状态。如果变化过于宏大，过程就会存在失控的风险，从而使目标流于虚浮，影响领导者权力的获得。

变革的管理者需要通过严谨周密的计划，通过一次次的稳健行动和积累成功，验证自己对于未来变化的判断，从而不断巩固和提升领导者的地位。例如，刚刚开始变法的商鞅，职位是"左庶长"，在变法的过程中，在不断取得成绩的前提下，逐步被提拔为拥有更大权力的"大良造"，这个职位使他能够更好地推进更深层次的变革。大量的实践案例反复证明，变革可以积累领导者的权力正当性，但是如果变革管理没有做好，对组织、对管理者来说恐怕都会是悲剧。

打破既有规则，建立新的规则，尤其是所定的新规则能更好地适应情况的变化，能够给组织带来新的成功，这对领导者来说是至关重要的。一般来看，这种领导者的诞生必然要伴随相应的重大事件。如果只是按部就班地延续各项工作，或者仅是一种小的调整，是不足以产生新领导者的。只有那些能够"挽狂澜于既倒"的管理者，才会很快被人们接受为领导者。在危机中，大家对旧有模式如何调整无计可施，这时候那些敢于承担责任并努力采取行动的人，正是在宣告他们作为领导者的崛起。

3. 涌现式诞生

著名领导学学者约翰·科特（John P. Kotter）认为，在企业基层不一定没有领导者。即使是基层专业技术管理者，有时也需要在他们的岗位上发挥领导作用。所谓**"宰相必起于州部，猛将必发于卒伍"，这正是领导者从基层涌现的真实写照。**

在一个稳定、成熟的组织结构中，组织底层员工逆袭即使发生也是罕见的。但是在一个变化的时代，谁也无法预测下一个拐点的驾驭者会是谁。今天，一个组织内的普通员工有了更多成长为领导者的机会。这首先需要一些基本前提，例如，他不仅需要掌握更加广泛的知识，对组织发展有着自己的想法，还需要拥有较高的情商。

领导者涌现的过程其实是一个组织"打怪升级"的过程，一位领导者的诞生对于一个组织的发展很重要。如果组织能够意识到这一点，并进行相应的领导开发体系建设，就能更好地助力这类领导者的诞生。组织领导开发体系的建立和健全，就像一张地图，可以为有潜力成为领导者的组织成员指明发展方向，同时再辅以必要的能力体系建设，让普通员工在成为领导者的道路上培养起足够的胜任力。

今天，基层领导者的诞生有了更为丰厚的土壤。无论是海尔集团的人单合一还是稻盛和夫的阿米巴经营，互联网时代的组织已经在技术的助力下搭建起新的平台，强化基层单元的领导力。

总之，从领导者诞生的历程来看，基本上其领导力都是在现实的互动中培养出的。情况不同，其诞生的方式也不尽相同，但领导者的诞生意味着对于变化的适应和掌控，其中包含大量的艰辛，或许正因为这样，领导力才显得弥足珍贵。

领导的底层逻辑

人们常常将"领导"和"领导者"混为一谈，习惯于从领导者的角度认知领导。一方面是因为领导者在领导活动中处于主动状态，他的表现跟最终结果密切相关，另一方面领导状态与领导者自身感受密切相关，即便如此，领导者也只是领导现象中的一个要素。接下来，让我们进一步揭开领导现象的底层逻辑。

1. "领导"五要素

管理学者对领导的定义很多，例如：领导是对一个组织起来的集体为确立目标和实现目标所进行的活动施加影响的过程；领导是影响人们自动为完成群体目标而努力的一种行为；领导是在某种情况下，通过信息沟通过程所实现的一种为了完成某个目标或某些目标的人际影响力；领导是指挥、带领、引导和鼓励部下为实现目标而努力的过程等。

但从经营实践的角度看，很多领导者在经历了各种跌宕起伏后，会总结出关于领导力"本质性"的认识。例如"领导就是服务""领导就是影响""责任感是领导最本质的核心"等，这些简化的结论，也常常能够引发他人的共鸣。

先不谈形形色色的领导现象和各种对领导的总结，本书给予领导的定义是：所谓领导，就是为了实现既定的目标，在一个环境下所发生的领导者与被领导者之间的相互影响。由此，领导基本模型如图 1-1 所示。

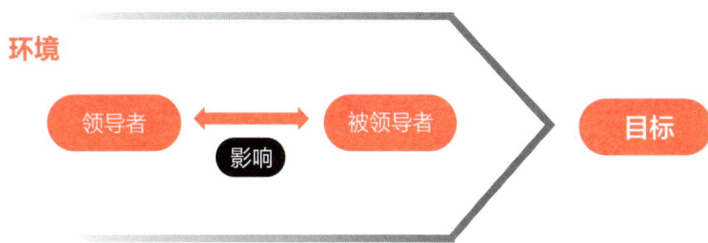

图 1-1　领导基本模型

这个模型将领导看作一个系统，该系统由五个要素构成：领导者、被领导者、影响、环境、目标。

领导者： 在领导系统中，起到决定性作用的是领导者本人，领导者是领导系统中的主体。有关领导者的研究通常聚焦在两个问题上：一是领导者的职责，即领导者的行为；二是领导者的素质，即领导者的基本能力和价值观等。

被领导者： 领导者是不能独立存在的，必须有一个与之相匹配的对象，这就是被领导者。被领导者无论作为个体还是群体，只有参与、配合、接受领导者的领导，才能成为领导系统效能的贡献者。被领导者与领导者关系的状态、对目标任务的理解和接受程度、对领导者权力的支持程度、自身的成熟程度，都直接影响着领导方式和领导效能。

影响：被领导者在领导者的影响下发生的行为。虽然被领导者也会对领导者产生影响，但是在二者的关系中，领导者居于更加有利的影响地位。需要指出的是，现在和未来的领导者在权力构成方面已经与过往的领导者大不相同，这主要是因为环境与被领导者发生了很大的变化，如互联网技术的发展以及"00后"等新生代步入职场，领导者必须基于现状调整自己的领导方式。

环境：领导效能的保障离不开对领导环境的了解和驾驭。这里的环境不仅包括组织的硬环境，还包括与领导行为密切相关的、由人际互动所产生的软环境。领导者也常常会对环境做出调整，这就引出了与领导密切相关的组织变革。

目标：领导行为有着明确的目标指向，它不同于简单的人际互动。例如，两个朋友在路上相遇了说几句话，或是社区的邻居们之间的交流，只是一种人情往来。但对领导行为来说，领导者与被领导者之间的影响，是要以最有效的方式来实现目标为出发点的。

2. 关于"领导"的那些认识误区

带着这样的系统观点，就不难理解在领导力方面，人们常常出现的认识误区。

误区一：过于强调领导者的作用。现实生活中不乏这样的言论，例如"兵熊熊一个，将熊熊一窝""一只狼带的一群羊能够战胜一只羊带的一群狼"。强调领导者重要，都有这样一个默认假设——只要领导者优秀，他就始终能给组织带来绩效。在这种认识的影响下，有些组织在进行人事安排时，会想当然地将一个业绩出色的领导者安排到业绩不佳的部门。但结果常常事与愿违，原本以为新领导者能够力挽狂澜，但大多都遭遇其人生与事业的"滑铁卢"。

误区二：忽略被领导者的作用。过于强调领导者，势必会将被领导者置于一种微不足道的从属地位。大量事实表明，一个领导者的成功更多是因为他拥有一支优秀的被领导者队伍。一个曾经成功的领导者在更换了组织后常常风光不再，其中最关键的原因就是被领导者不同了。所谓"响鼓不用重锤"，鼓声之所以很大，并不在于多么用力地去敲鼓，而是鼓自身非常好。从这个意义上看，与其强调鼓槌的作用，倒不如寻找一面好鼓。与其强调优秀领导者的重要性，倒不如找到一群优秀的被领导者。

误区三：忽略了环境的影响。领导行为发生在一个环境中，这个环境既包括现实的物理条件，又包括由领导者和被领导者所组成人群的心理环境。物理条件不具备，有些事情的确是做不成的。就好像在西藏烧水，不到100度，水就开了。今天的被领导者越发重视组织的物理环境及工作的地理环境，因为他们意识到这些因素会极大地影响人们的工作感受。但由人群所构成的无形的心理环境，对领导行为的影响更是巨大的。如果人群中缺乏信任，领导者的命令就不会被接受、被执行，即使执行起来也不彻底。

误区四：忽略了合理的影响方式。对于不同的被领导者，领导者应该采取不同的领导方式。适合用螺丝刀的情景，如果强行用扳手，不光不趁手，而且也无法产生预期的效果。"00后"新生代正在成为职场主体，这就要求领导者根据该群体对领导方式做出调整。没有什么一成不变的领导方式，只有根据被领导者状态而不断调整出的有效领导方式。

以上是有关领导认知的常见误区。上述讨论提醒我们，如果只考虑某一方面，而忽略领导系统的其他要素，未必能够最有效地实现目标。要知道领导者的根本任务就是实现目标，目标是领导者的终极使命，也是检验领导有效的唯一标准。

领导者的使命：实现目标

对管理者来说，目标管理是最耳熟能详的管理手段了。目标管理的提出被认为是管理思想发展的里程碑事件，它让人们有了更明确的行为遵循。很多管理者认为，只要给被领导者一个清晰的挑战目标，再辅之以明确的奖罚举措，他们就会行动起来。这种思想多少有些进化论的色彩：目标被当成狩猎对象，抓到猎物，就能饱餐一顿；抓不到猎物，就要饿肚子。

组织是群体的集合，组织的效能取决于群体行为，而调节群体行为的就是目标。领导者不仅要让整个群体意识到共同目标的重要性，也要根据情况建立起有意义的目标，并且随时根据情况调整目标以保障组织更好地适应环境。简言之，领导者的根本任务就是清醒地认识目标、建立目标并最终实现目标。

1. 目标的意义：定盘星与指明灯

令一盘散沙的群体有序化的起点，就是诞生一个领导者，尽管这个领导者未必能够一直领导下去，但是他就像定盘星，让整个群体开始有序起来；同时，这个领导者必然会为这个群体订立一个目标，无论这个目标大小如何、长短如何，甚至不一定正确，但整个群体仿佛在黑夜里有了指明灯，消除了变化带来的恐惧。领导者通过确定目标，为群体指明未来发展的方向以及获得阶段性的成果，让个体行为开始逐渐服从于组织要求。

目标最为基本的功能是：像磁铁一样牢牢引导着组织中的个体。但站在组织的角度来看，目标还有其他的功能。

首先，目标具有指引功能。能力和资源既可以用来投资于旅游行业，也可以投资于餐饮行业等。有了目标，就能够聚焦资源，避免将能力和资源分散到不同的、不可能实现的目标中。同时，目标的设定还能够激励员工和组织更加定向地积累知识和资源，这也是组织效率不断提升的重要保障。

其次，目标具有动力功能。彼得·德鲁克（Peter F. Drucker）认为目标管理的最大优点在于唤醒个人的工作动机，用自我控制的管理来代替受他人支配的管理。有意义的目标能够形成和强化个人动机，也会进一步影响个体的工作表现。彼得·圣吉（Peter Senge）在《第五项修炼》一书中提出，创造性张力是个人自我超越的动力，创造性张力即目标与现实之间的差距，它像一根拉长的橡皮筋一样驱动着个体行为。

最后，目标影响坚持性。困难的目标使参与者需要延长努力时间。目标难度越大，他们下定决心持续努力达成目标的可能性越大，并且个人对目标的坚持也有效地降低了个体面对负面反馈和消极情绪时的挫败感。

此外，目标还能让群体产生认同感并采取共同行动，并且有明显的从众功能，即使有些人并不认可目标，也可能会产生一种从众的行为。同时，目标还有筛选组织成员的作用，"人各有志"常常是组织成员或主动或被动离开群体的理由。

2. 目标的设定：多方博弈

组织目标的设定是一个多方博弈的结果，最终的目标不仅取决于组织的状态，还要取决于领导者自身及相关组织成员的情况。20世纪60年代，在"权变理论"的影响下产生了一种新的领导理论：领导情境理论。该理论认为有效领导不是简单地取决于领导者不变的特质和行为，而是取决于领导者、被领导者和环境条件三者的组合关系，即领导的有效性是领导者、被领导者及环境这三项变量的函数。该理论将领导看作一个动态过程，领导者的有效行为随着被领导者的特点和环境的变化而不同。

领导情境理论所带入的系统观点很有价值，这让人们能够站在整体领导效能的角度去思考，而不仅是考虑单一方面。换句话说，系统中的每个要素都会对系统的结果产生影响。从目标的角度来看，在不同的状态下，目标是系统各要素期待的整体反映。对于未来，组织、领导者和组织成员都有自己的考虑，落到纸面上的组织目标其实是三方力量相互博弈的结果。以下讨论七种情形：

（1）领导者目标。对于初创公司来说，领导者的目标通常代表了组织和组织成员的目标。早期的组织成员，对未来基本上没有什么想法，他们只要决定是否接受、是否追随领导者所树立的目标。此时组织还未成形，也谈不上组织目标。对某些强势的领导者来说，他会始终将自己的目标加诸组织和组织成员之上。如果领导者的目标在经营过程中被不断检验是正确的，这将进一步强化领导者目标的权重。在组织早期，领导者目标的最大价值在于，这个目标与领导者的权益息息相关，在领导的过程中，领导者也会更加投入这一目标的实现过程中，如图 1-2 所示。

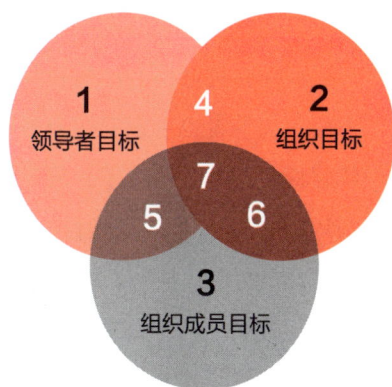

图 1-2　目标

（2）组织目标。成熟组织的一个重要标志就是有了完备的目标体系。官僚组织，是一个通过目标体系来实现去人格化的系统，每个人（包括领导者）都是完成组织目标的零部件。对于被组织任命的领导者，他首先要表现出对组织目标的认同以及自己就是组织目标的具体代表，尽管这个时候他有自己的想法，但是对刚刚被任命的领导者来说，不能轻率地表达出自己的目标，否则他既无法名正言顺地执行组织目标，也无法得到组织成员的认同。

（3）组织成员目标。每个组织成员都有自己的目标，大家在互动过程中渐渐形成了统一的方向。能理解组织成员的目标，并将它确定为整个组织的方向，是领导者被组织成员接纳、更好地顺应和融入组织的先决条件。例如，人们经常说一个球队更衣室的氛围影响着球队的整体表现，有经验的教练员会先了解更衣室中球队成员所设立的目标，然后调整自己的目标，从而提高团队契合度。

（4）领导者&组织目标。领导者要将自己的目标与组织目标结合在一起。一方面，领导者可以将自己的目标置于组织既定的目标框架内；另一方面，领导者也可以通过自身影响，按照自己的目标节奏重塑组织目标。在这种情况下，领导者和组织处在更为强势的状态下，组织成员只是追随者的角色。

（5）领导者&组织成员目标。从某一组织成长起来的领导者，很容易就能将自己和组织成员的目标结合在一起；当然，领导者也会根据自身的情况，影响组织成员的目标。在这种情况下，领导者与组织成员之间的人际互动就成为目标建立的根本，组织成为领导者及其组织成员实现目标的手段和条件，甚至组织目标已被放在了不重要的位置上，领导者与组织成员目标的达成成为行动决策的第一考量要素。

（6）组织&组织成员目标。领导者的任务就是照顾组织和组织成员，在工作中，更多的是考虑组织和组织成员目标的达成，而不怎么考虑自身的目标，这就是人们常说的"舍小家顾大家"，这是一种大公无私型的领导。

（7）领导者&组织&组织成员目标。对一个真正成熟的领导者来说，他必须既能够充分理解组织目标，同时对于组织成员的个体诉求也要照顾到。在这个过程中，还能够将自己的目标合理表达。三方的目标和期待都能照顾到，是最为理想的，但也是最为困难的。

以上是对目标设定过程的简要分析。不难看出，目标设定并不简单，其中有着多方的博弈。除了领导者、组织成员和目标这三个根本要素之外，还有一个很重要的影响因素，就是领导者在组织内的层级。对中高层领导者来说，组织目标更重要；对基层领导者来说，组织成员的目标更重要。领导者是否将自己的目标放在最高优先级，的确考验着领导者对于组织和组织成员状态的把控。

为了建立能够实现的目标，领导者必须尽可能地搜集信息。尽管如此，目标设定终究是一种对未来的判断。虽然也会有那种"一切尽在掌握"的"运筹帷幄之中，决胜千里之外"的设计，但经营形势的瞬息万变，让目标本身就带着很大的不确定性。从这个意义上说，目标不可能完全理性（因此人们常常感叹于企业家的直觉），也不可能完全准确。但对一个群体来说，有目标一定要比没有目标好，即使这个目标事后看未必正确。一句话，领导者的首要任务就是赋予群体一个目标。

3. 动态目标

对于领导者来说，要具备将组织愿景拆分成阶段目标的能力，领导者要有序地将目标纳入组织的经营计划当中来。领导者要能够解读不断变化的环境并持续调整目标，这就是人们所谓的"洞察"。"后知后觉"和"不知不觉"可以用来描述追随者，而"先知先觉"却是领导者的责任。

目标管理失败的重要原因之一，就是当外界环境发生变化时没有及时调整目标。动态目标是领导者对于外部环境的判断做出的必要调整，如果不进行调整，一意孤行坚持对既定目标的追求，很可能会造成整个组织的行动畸形。在足球比赛时，开场之前订立的目标是"胜利"，但是由于个别球员犯规被罚下，在少一人的情形下，团队目标调整为"保平"是正常的，如果教练员还是以"胜利"的目标要求大家，常常会输得更惨。

对目标的动态调整考验着领导者的开放和谦卑，因为每一次调整都意味着要承认曾经所制定目标的失效和不合理。动态目标也要求领导者必须有适应环境的能力和状态。但领导者最经常犯的错误就是，固执地坚持自己的观点和判断，甚至会认为"一定是环境出了问题"，或者要求"环境一定要服从我"。

稻盛和夫先生在京都陶瓷创立的第三年，经历了一次由年轻员工引起的波折。十几名员工提交了一份请愿书，要求他承诺给员工定期加薪并发放奖金等，否则就要集体辞职。稻盛和夫与他们诚恳交谈，终于说服了他们。但这也让稻盛和夫非常困惑：难道这就是所谓的企业经营吗？后来他终于想明白了："企业经营最基本的目的，必须是为大家谋幸福。追求全体员工物质与精神两方面的幸福。"后来，他又在后面加上了"为人类社会的进步发展做出贡献"这句话。这一经营理念和目标的逐渐确立，在稻盛和夫的人生观中占据了极为重要的位置，也为他的企业确立了基本的哲学基础。

目标的动态调整，以及与目标相关内容的调整，都考验着领导者的系统执行能力。例如，目标一旦修改，与目标相关的人员、组织、流程、制度等都必须做出相应调整。只有这样全盘考虑，才能更好地执行动态目标。领导者在修订自己目标的同时，必须考虑组织目标和组织成员目标，使这三者在一个新的状态下达成新的平衡，动态目标才能从领导者个人的想法变为组织未来发展的蓝图。

尽管动态目标有时会带来组织混乱，但对领导者来说，可以充分利用目标的动态调整，不断地引领组织和组织成员走上自己设计的轨道。目标调整不能过快，领导者必须审慎考虑和平衡各种目标之间的关系。不管怎样，通过目标的不断达成，领导者可以积累声誉和信心，为未来达成更加难以达成的目标奠定基础。

管理有效性的前提是建立共同目标，没有共同目标就没有可靠的组织。因此在讨论一个组织的目标时，最关键的问题不是"这个组织有没有目标"或"这个组织的目标是什么"，而是"这个组织的目标是谁制定的"或"这个组织的目标是怎么形成的"。

本章小结

需要再次明确的是，领导就是领导者与被领导者在一个环境下所发生的影响，从而更有效地实现既定目标。从领导效能的角度出发，领导是一个系统。既然是一个系统，单纯强调某一点而忽略其他，便无法保障效能的达成。只有站在更高的维度，更加全面地认识领导，深入把握领导现象的本质，才能不断优化领导，从而更有效率和更有效果地实现目标。

第 2 章

领导行为

领导者应该采取什么样的行为才能更好地实现领导目标？这始终是领导者不断思考的问题。为了更好地理解领导行为，首先要区别领导者和管理者。现实生活中形形色色的领导行为告诉我们，没有统一的标准。尽管如此，我们还是努力梳理出优秀领导者的共同行为特征，也算是为领导行为优化提供一个参考。

管理者还是领导者

在经营实践中，人们经常将管理和领导两个概念混为一谈。领导学家约翰·科特在《现代企业的领导艺术》一书中指出：一方面，管理和领导并不互相排斥，两者相互补充，有时是重叠的；另一方面，同领导相比，管理是一套看得见的工具和技术，更正规而且也更为普遍。领导好像更感性、更神秘，也更不好把握。

下面从具体的经营实践角度来看看两者的差异。

1. 做正确的事与正确地做事

人们津津乐道的做正确的事和正确地做事是大家普遍接受的一种区分。领导者似乎并不那么关心如何做事，他们更关心的是要去做什么事。领导者需要在变化中寻找到方向，这看似容易其实相当困难。在纷繁复杂的情形下，选择正确的事，非常不容易，这意味着领导者不仅要保持清醒的头脑，而且要知道如何驾驭各种条件。优秀领导者通常都具有丰富的想象力，能够预见发展趋势。

管理者必须能够扎扎实实地提升能力，认真执行。管理者需要把已经确定的事情按部就班、保质保量地完成。这并不意味着管理就是一件简单的事情。越是远大的目标，前进道路上越不会一帆风顺。在怎样做事方面，管理者必须制定出一套规则，从而保障组织内的各种行为能够以更有效的方式进行。

2. 打破规则 VS. 履行规则

与管理者相比，领导者最显著的特点就是对"变化"的接纳和拥抱，这既可以体现为给一个组织带来变化，也可以体现为带领组织去面对变化。为了更好地拥抱变化，领导者必须打破既有的规则，在变化的背景下，为未来建立规则。以唐太宗李世民为例。为了能够更快速地恢复民生，提升行政效率，李世民决定对已有的三省六部制进行调整。他巧妙地成立了一个联合办事机构"中书门下"，通过加强跨部门沟通来节约时间、缩短流程，同时进一步地打破了固有的权力制衡并加强了中央集权。

管理者的任务是履行规则，他的行为会被限定在规则要求的范围内。从这个角度看，组织所设定的岗位职责就是管理者的活动半径。对规则的坚守恰恰是管理者的基本特征。

3. 董事长 VS. 总经理

为了更清楚地区别领导者与管理者，不妨用两个职务来加以对比——董事长和总经理。《中华人民共和国公司法》（以下简称《公司法》）对董事长的职责和权限这样规定：召集和主持股东会会议；召集和主持董事会会议等。总体来说，董事长就是要召集公司决策层一起来筹划公司未来的发展大计。《公司法》对总经理的职责和权限这样规定：主持公司的生产经营管理工作，组织实施董事会决议；组织实施公司年度经营计划和投资方案；拟订公司的基本管理制度；提请聘任或者解聘公司副经理、财务负责人等。总体来说，总经理就是要认真落实好来自董事会的决策。

从根本上说，领导和管理二者各自的主要作用不同，前者能带来变革调整，适应市场变化；后者则是为了维持秩序，使组织高效运转。但这并不表示管理与变革毫无联系，相反，管理与有效的领导行为相结合，才能创造出更为有序的变革过程。领导与秩序也不可能毫不相干；相反，有效领导与高效管理相结合，将有助于产生必要的变革，变革才能控制混乱的局面，让企业沿着预期的方向前行。

尽管本书聚焦于领导，但并不意味着管理就处在次一等的位置。事实上，领导和管理组织都需要。任何一方的不足都会对组织产生不良影响。科特在《变革的力量：领导与管理的差异》一书中详细阐述了管理过度而领导不足与领导有力而管理不足会造成的情况，见表2-1。

表2-1 管理过度与管理不足的后果

管理过度而领导不足会造成的情况	领导有力而管理不足造成的情况
非常强调短期目标，注重细节，侧重回避风险，而很少注重长期性、宏观性和敢冒风险的战略。	强调长期远景目标，而不重视近期计划和预算。
过分注重专业化，选择合适人员从事各项工作，要求服从规定，而很少注重整体性、联合群众和投入精神。	产生强大的群体文化，不分专业，缺乏体系和规则。
过分侧重于抑制、控制和预见性，而对扩展、授权、创新的鼓励和强调不够。	促使那些抵制管控机制和问题解决原则的人联合起来，导致状况最终失控，甚至一发不可收拾。

可见，组织要发展，必须使领导与管理有机配合，两者缺一不可。任何一个组织或经营者都面临着在两者之间寻求一种平衡的问题。

没有最优的领导行为

从形形色色的领导行为中，是否能够归纳出一些行为标准？如果有这样的标准，人们就更有针对性地调整或强化自己的行为，从而更有效地实现领导目的。正是出于这样的原因，研究者总结出了名目繁多的领导类型。

1. 领导类型

领导类型是研究者试图对领导行为的某些共性所做的归纳，这有助于更好地理解领导行为，也会在一定程度上引导领导行为。下面简要介绍五种主要的领导方式：变革型领导、交易型领导、魅力型领导、伦理型领导和服务型领导，见表2-2。

表2-2　五种主要的领导方式

领导类型	核心特征	行为维度
变革型领导	核心是领导者与下属相互提高道德及动机水平，通过领导行为激发员工的自我实现等高层次需求，提高下属对重要事务的认知水平，促使下属为了组织或团队的利益超越自我利益，并最终取得超乎预期的结果。	（1）理想化影响力：领导者通过使命感和远见性等行为使他人产生信任、崇拜并追随。 （2）鼓舞性激励：领导者会进行鼓舞士气的演讲，表现出乐观和热情，用流利的语言、自信地传达他们对未来的愿景。 （3）智力激发：领导者经常创新性地解决问题，并鼓励下属创新，挑战自我。这包括向下属灌输新观念，启发下属发表新见解，鼓励下属用新手段、新方法解决工作中遇到的问题。 （4）个性化关怀：领导者关心每一个下属，重视其个人需求、能力和愿望，并根据每一个下属的不同情况和需求进行区别性地培养和指导。

领导类型	核心特征	行为维度
交易型领导	通过解释任务要求和由此产生的奖励来获得服从和有效性，从而与追随者建立一种交易性关系。领导者和被领导者之间的关系是一种现实的契约关系，在各方都清醒地意识到他人的权力和态度的情况下，通过磋商完成共同的互惠的目标。 例外管理则是交易型领导显著区别于其他领导风格的核心特征，即领导者将主要精力和时间用来处理首次出现、模糊随机、十分重要需要立即处理的非程序化问题。	（1）权变奖励：交易型领导的本质是与下属进行特定的利益交换。若下属达到领导者要求的期望值，就能够拿到领导许诺的相应奖赏（如增加报酬、晋升机会、荣誉、股权等）。 （2）积极的例外管理：奖赏在公平合理范围内，具有积极的导向作用。 （3）消极的例外管理。
魅力型领导	能够让下属充分相信领导者思想的正确性并且接受领导者的思想，甚至无条件地接受、热爱并服从领导者，能使下属认同领导者并模仿其行为，对组织目标实现产生使命感的领导。当下属了解并认同该领导者时，领导者的魅力就会在下属自愿的基础上发挥作用。	魅力型领导往往敢于承担风险并表现出非常规的行为： （1）形象塑造。 （2）愿景确立与传递。 （3）表达对下属的高期望。 （4）注重激发下属行为动机。

领导类型	核心特征	行为维度
伦理型领导	领导者通过个人行动和人际互动向下属展示何为恰当的、合乎规范的行为，并通过双向沟通、强化和决策，激发下属的这类行为。领导者不仅要使个人行为符合伦理标准，而且还要注重决策的伦理性、重视与员工沟通、使用奖惩激励等方式引导员工的伦理行为。	（1）伦理型领导者是道德人，拥有诚实等值得信赖的品质，是员工伦理行为的榜样。其特征是正直、可信和诚实，行为主要表现为做正确的事、开放、关心人和个人道德，做决策时公正客观、关心社会、遵守伦理决策规则。（2）伦理型领导者是道德管理者，他们会积极推行伦理行为，利用奖惩措施，明确地传达自己的伦理道德标准，并促使下属对其做出的伦理行为负责。他们通过付诸可见的行动树立榜样、设置奖励和约束规则、开展关于伦理与价值观的沟通来进行伦理道德管理。
服务型领导	倾听、移情、自愈、知觉、劝导、构想、远见、员工成长承诺、社群建设等。强调领导者的主要责任是服务和支持其追随者，满足员工需求，主要工作包括授权、激励，使团队成员能够充分发挥潜力。	（1）自愈：它使领导者能够长期保持自己的福祉和有效服务他人。通过锻炼、冥想、追求爱好和兴趣等方式管理自身压力，以保持积极"照顾下属"的态度、长远的眼光，专注于在职业生涯中满足团队和组织的需求。（2）拥有超越个人的利益，努力满足追随者的生理、心理、情感需求的领导哲学，强调服务和支持他人以实现共同的目标。

2. 情景模拟

为了更好地理解以上领导类型，下面通过情景模拟的方式，来看看不同领导类型的行为差异。如果领导者手头有个新项目，如何给下属布置任务？不同领导类型的行为差异见表 2-3。

表 2-3　不同领导类型的行为差异

领导类型	布置任务方式	强调的关键点
变革型领导	"各位，公司最近有个新项目，是公司目前的重中之重，对公司发展和业务增长的作用至关重要，希望大家可以把近期的工作重心转移到这个项目上来。项目的重要性大家都清楚了，交给各位也是因为我相信以大家的能力，一定能够高质量高效率地完成。如果过程中有任何问题和新的思路，随时来找我。加油！"	关键行为在于明确告知下属"什么事情是重要的"，在发布新项目时，变革型领导者往往会以乐观积极的态度向下属强调项目的重要性，表达自身对项目的信心，也表明项目和企业目标间的联系。最后，鼓励下属进行创新性思考，希望了解下属的个性化需求。
交易型领导	"目前我们有个新项目需要推进，项目具体内容和完成时间等具体细节见项目策划书。现在我需要向各位明确我们的任务目标，并且在项目推进工作中，各位需要谨记并严格遵守实际工作要求和技术流程规范。接下来我向大家详细说明各小组的角色分工和预期结果，希望大家能够明晰任务安排、决策权归属、职责范围，保证项目能够按时、保质、合规完成。此次项目的顺利实施将给部门、公司带来不小的收益，当然，我们自然不会忘记大家的辛勤付出，我们将按照贡献大小进行利润分配，给予大家丰厚的奖金和福利，'高付出高回报'，期待大家的出色表现！"	强调任务目标、工作标准和产出，往往关注任务的完成和下属的顺从，通过明确的角色分工和任务分配，带领下属实现既定目标。 二者之间存在契约式的交易，并且领导者依靠组织的奖励和惩罚手段来影响员工。

领导类型	布置任务方式	强调的关键点
魅力型领导	"你进入公司以来表现一直优秀，最近更是有新的突破，作为你的领导，我感觉十分欣慰，相信咱们公司有你这样的人才一定可以越来越好……我看当前的行业形势，对公司来讲还是很有挑战性的，想要在行业内扎根更稳，可持续地长久发展，实现我们的企业愿景，还是要不断学习、不断探索才行。我觉得当下应该设立一个项目，真正做出成果，帮助公司打开新市场，寻找新机遇，这个项目做成了，真正可以帮助公司解决下一步发展的难题，你的意见如何……不愧是我带的员工，你的想法很有全局意识，我们做这个项目不要怕风险，大胆创新，勇于尝试，不要怕做过去没做过的事，真的做出成果才是对公司发展的大贡献。这个项目就由你来牵头如何？我相信你能够提出一些创新性的解决方案，做出不错的成果……好，你可以着手开展项目设计，向相关部门寻求协作，我会给你最大限度的支持和辅助，期待你的好消息。"	关注企业的长远发展和愿景的实现，具有全局意识，在给下属布置任务时，也会从企业的愿景和规划出发，使下属意识到任务的重要意义，提高下属对实现目标的情感投入和承诺水平。 通过设定高目标，表达对下属的认可和高期望，来激发下属的潜能和动机，提升下属的工作热情。 鼓励下属采取创新的方法，对变化持包容态度。魅力型领导者还会创造出一种支持性氛围，有时会扮演教练的角色。 以**"肯定下属－联系愿景－表达高期望－鼓励创新－激发下属动机－提供支持氛围"**的方式给下属布置任务。
伦理型领导	"这件事就交给你了，放心大胆地去干。相信你的能力和实力，有了成绩，我会给你请功，如果出了问题，责任都是我的。你看你对这个任务有什么想法……咱们约定一个完成期限吧，中间有什么问题都可以来找我，我会经常去跟进的。"	有责任和担当，会关心下属。 作为道德人，做决策时会坚持价值观、公平公正，同时注重双向沟通。 建立清晰的道德行为的期望，会清晰地划分道德问题和界定道德行为，有助于降低道德问题的模糊性。

领导类型	布置任务方式	强调的关键点
服务型领导	"我们有一个新项目，现在想听听大家对如何处理这个项目以及我如何能最好地照顾你们每个人的想法。希望能通过我们的共同努力，充分发挥大家的优势和专业知识，如果可能的话，也希望能在完成项目过程中帮助大家实现个人的发展。同时，我也会尽量争取专家的培训和支持。如果还需要任何其他资源或帮助，也请告诉我。"	将下属的需求和目标放在首位，重视下属的福祉和成长。鼓励开放的沟通和协作，并通过为团队成员提供必要的资源、工具和支持来有效地完成工作。但如果领导者无法平衡团队成员的需求与项目的总体目标，这也可能具有挑战性。

通过上述模拟情景的行为比较，大家能够直观感受到不同领导方式的行为差异。不能说哪种领导方式是最优的，也不能简单判断哪种领导方式会有问题。如果从实践的角度看，哪种方式能最有效地实现目标就是当下的最优领导类型。

领导者的四个基本行为

尽管没有什么最优的领导行为，但是透过领导者展现出的各种精彩表象，**本书特别强调领导者的最基本行为**，具体包括以下四个方面：确立愿景，团结下属，沟通交流，跟进激励。

1. 确立愿景

在领导者的语言里，愿景是出现频率最高的词语之一。愿景就是对组织未来发展的描述。为避免愿景与目标混淆，可以通过时间维度来区分愿景和目标。以时间为单位，企业目标可以分为短期目标（1~3 年）、中期目标（3~5 年）、长期目标（5~10 年）和战略目标（15~25 年）。愿景则是没有时间限制的、对企业终极目标的表达。

所以，在制定愿景时，需要以最长远的视野去审视企业的发展。企业的愿景通常就不再是对自身发展的一般性描述，而是必然站在社会和人类发展的角度进行思考。在这种情况下，愿景更是一种非理性的、来自个人或团队的内心向往和对未来的庄严承诺，它所呈现的图景往往会有一点夸张、有一点不近常理，甚至有一点过于理想，字里行间体现着企业伟大、高尚的追求，但这恰恰是愿景的特点。

确立愿景是领导者的首要职责，也是最重要的工作。为了使愿景能够切实发挥出应有的作用，领导者还应该注意以下三个方面：

（1）愿景的设立是一件严肃的事情。愿景不是对管理热词的附和，不是被竞争对手驱使，也不是领导者或领导者集体情绪激动的产物。越来越多的领导者知道组织需要一个愿景，然后就例行公事地在战略和文化手册中写下来；或者经常会请外部咨询公司帮助来形成企业愿景，愿景成了一些美好词语的堆砌。这些司空见惯的做法表明领导者内心对愿景还是不够重视。

愿景，是领导者基于内心的深度思考和对外部环境缜密分析而提出的，稍偏感性但绝不意味着隔绝理性，而且它绝不是随口而出的高调之词。凝聚整个组织的是愿景，不是个人魅力或者物质奖赏。当组织成员牢固地树立了共同的愿景，组织就会表现出强大的向心力；否则组织就是一盘散沙，没有战斗力。

（2）愿景必须是组织成员共有的。著名学者彼得·圣吉在分析愿景失效的原因时，发现很多公司是由上而下或借助咨询公司的帮助形成的，这样产生的愿景只是最高领导者个人的想法，而没有将组织成员的想法吸收进来。许多企业在发展中都会遇到类似情况：在最初阶段，创业者扮演的更多是领导者的角色，下属人数不多，大家经常一起讨论未来发展的方向，公司的各项决策基本上都是共同讨论的结果。在企业规模扩大后，最高管理层更倾向于根据自己的想象来确定愿景，然后将其强加于团队成员，结果就是人们无法了解与感到共同拥有这个愿景，新出炉的官方愿景也无法孕育出能量与真诚的投入。

（3）愿景的传播是一个不断重复的工作。就像一则寓言所描述的，拉车的天鹅、虾和梭鱼，它们不是不认真，不是不努力，而是它们拉车的方向不一样：天鹅用劲往天上提，虾一步步向后拖，而梭鱼则朝着池塘拉去。这辆车怎么能移动呢？这则寓言所描述的情形在组织内不也经常发生吗？关键是人们没有统一的认识，而统一认识的最根本的基础就是要牢记组织愿景。为了使组织成员能记住愿景，除了愿景描述要非常有特色，更重要的是不断重复传播。愿景的不断重复对领导者来说是一件压力很大的事情，他必须忍受来自下属的不屑和漫不经心。领导者应该怎么办？继续讲！只有当愿景通过不断重复被组织成员记住并成为他们工作生活习惯的时候，其作用才能显现出来。

2. 团结下属

目标能否顺利达成与领导者团结下属的情况密切相关。团结的下属越多，领导者本身就会越强大，而没有追随者的领导者本来就不是真正意义上的领导者。

领导者如何去团结下属呢？不妨回忆一下大家都熟悉的组织结构图。在那张充满理性的、描述组织内各个部门职责以及个体位置的图里，可以发现有关团结的两条隐含线索。

（1）与直接下级保持同样的距离：领导者日常行为表现出的亲疏远近会直接影响下级的忠诚度。领导者与某位下级过于亲近的同时，就自然拉大了与其他下级的心理距离，这样就会造成下级间的心理不平衡，领导者就会进一步失去其他下级的拥护。

领导者与被领导者在组织内是有距离的。处在不同组织层次的员工所遵循的游戏规则是不一样的。如果领导者与一些被领导者关系非常密切，就是将自己置身于被领导者的游戏规则中。本来是作为裁判的领导者，却和游戏的一部分参与者有了共同的利益，领导者势必会失去公平公正，而其他参与者就一定会被伤害，领导者也就不可能团结他们。

（2）不要随意地越级干预：有些领导者喜欢越级干预员工的工作，其原因可能是想直接了解他们的工作状态，可能是看到他们的工作没有达到组织的要求，可能是为了展示权威，也可能是就有这样的工作习惯等。但不管出于怎样的原因，领导者随意干预的行为直接导致的就是混乱。按照"统一指挥原则"，一个下级只能接受一个上级的指挥，即上级不能越级指挥下级，下级不能越级请示汇报，否则就会出现混乱的局面。领导者的越级干预会给下级的下级制造出两个上级来，他们究竟应该听谁的呢？另外，当下级的下级认为他们都有可能与领导者直接交流和听取指令时，其直接上级的权威就无从谈起了。

当然，如果领导者确实要了解下属的工作，他完全可以把这样的一种随机干预变成制度性沟通。例如，可以通过员工见面会、座谈会等形式来正大光明地"干预"。领导者切不可因为一些随意的行为伤害或扰乱了员工的行为，这对团结有着极大的伤害。

3. 沟通交流

沟通是领导者的重要任务，有人甚至认为领导者 80% 的时间都是在进行沟通。领导者通过沟通来给下属安排任务，组织内的信息经过沟通才能流通，组织也必须通过沟通才能达成目标、完成计划。沟通，简单说就是信息交流，是信息发送者通过一定的沟通渠道把信息传递给其他人的活动。有关沟通流程的基本模型如图 2-1 所示。

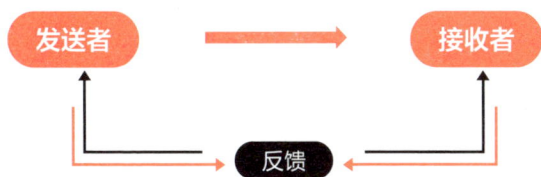

图 2-1　沟通流程

为了更好地理解沟通，我们不妨看看这个概念的英文原始含义。"沟通"是从英文单词 communication 翻译过来的。从英文词源解释看，com（共同）+ mun（公共）→共同，共通 + ic（名词词尾)+ ation(名词词尾),指行动。由此,我们不难得出结论,沟通基本上包括两个部分:达成共识,促成行动。

美国著名社会心理学家约瑟夫·勒夫特(Joseph Luft)和哈林顿·英格拉姆(Harrington Ingram)提出了约哈里窗口,也被称为"自我意识的发现–反馈模型",可以帮助人们理解共识是如何扩大或增进的。约哈里窗口常见的表示方式是四个象限。第一象限是开放区,即自己知道,别人也知道的信息。第二象限是盲点区,即自己不知道,而别人知道的信息。第三象限是隐藏区,即自己知道,而别人不知道的信息。第四象限是未知区,即自己和别人都不知道的信息。未知区是尚待挖掘的黑洞,它对其他区域有潜在影响。约哈里窗口如图 2-2 所示。

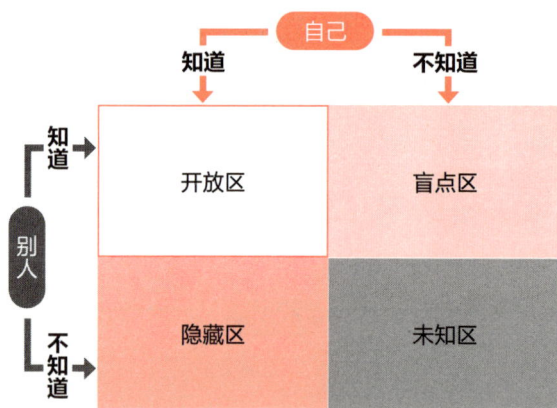

图 2-2　约哈里窗口

沟通的目的就是扩大开放区,这个区域也就是人们达成共识的区域。从模型看,扩大开放区有两个基本思路:第一个是让别人多知道或者是减少别人的不知道，这就需要将自己的信息更多地曝光给别人。例如，领导者在与下属沟通过程中，尽可能地将自己的想法、工作的情况、任务的背景等告诉下属，即"给予反馈"；第二个是让自己多知道或减少自己的不知道，这就需要主动征求对方的意见或者询问自己不了解的情况。例如，领导者如果想要知道新制定的政策是否合理，就可以主动了解下属的反应，从而减少自己的认识盲点，这就是沟通中的"寻求反馈"。在这两个思路下，约哈里窗口就是图 2-3 所示的情形。

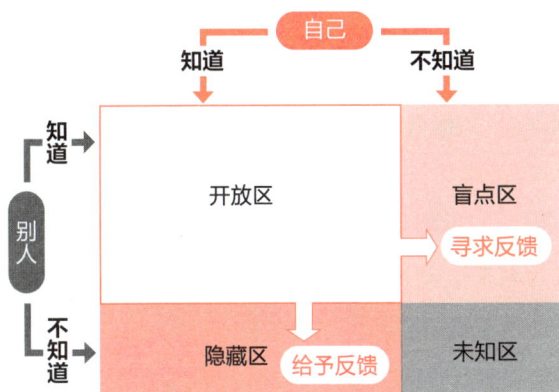

图 2-3　调整后的约哈里窗口

　　通过给予反馈和寻求反馈，信息的发送者和接收者能够达成更多的共识。相反，有些领导者不注意将一些可以公开的信息与下属共享，也不主动去了解下属的内心感受，不断扩大的隐藏区和盲点区就形成了沟通障碍。

　　达成共识并不意味着对方就能采取行动，其中最为关键的是，即将产生的行动对于被沟通方是否有价值，能否为对方带来收益。《左传》中的"烛之武退秦师"就是一个很典型的例子。

晋文公、秦穆公出兵围攻郑国，因为郑国曾对晋文公无礼，并且郑国同时依附于楚国与晋国。晋军驻扎在函陵，秦军驻扎在氾水的南面。郑国大夫佚之狐对郑文公说："国家很危险了！如果派烛之武去见秦国的国君，秦国的军队必定撤退。"郑文公同意了。深夜，烛之武吊绳出城，他见到秦穆公后，开门见山地说：秦国与晋国围攻郑国，郑国已明白自己将会灭亡。假如灭掉郑国对您有好处，我也就不来了，现在你们秦国出兵，实际上是在帮着晋国扩大领土。邻国越雄厚，您就越薄弱。如果您饶恕了郑国，对你们不仅没有坏处，而且我们还可以给你们提供便利。秦穆公仔细盘算，就与郑国签订了盟约撤军了。郑国也就转危为安。

有效沟通的标志是对方在接收信息后，会采取行动。"天下熙熙，皆为利来；天下攘攘，皆为利往。"在沟通的过程中，如果沟通方不能清楚地将"利"描述清楚，被沟通方就不会产生行动，尽管他可能也很认可沟通方所要表达的观点。

4. 跟进激励

在实现目标的过程中，组织成员的状态会有起伏。这种起伏往往是因为人们情绪的变化造成的。正是因为情绪会影响人们的业绩，优秀的领导者都非常善于调控员工的情绪。许昌市胖东来商贸集团有限公司（以下简称"胖东来"）的"不开心假"和"委屈奖"就是很好的例子。胖东来创始人于东来曾表示，胖东来设置了 10 天"不开心假",无论做什么事情,自己喜欢是最重要的,不开心、不想上班可以请假。管理层不能不批,不批就属于违规。于东来表示,公司希望员工都能在工作之余得到充分的放松和调整。此外,胖东来还设立了"委屈奖",用于奖励那些在工作中坚持原则、勇于担当却因此遭受误解或委屈的员工。这些制度充分体现了公司对员工情绪变化的理解和尊重。

领导者需要保持对员工集体情绪的敏感性,通过积极干预,保持良好的组织氛围。大家耳熟能详的"望梅止渴"的故事就是一个很好的例子。有一年夏天,曹操率领部队远征,队伍走在崎岖的山道上。时值盛夏,道路两旁密密的树木和被阳光晒得滚烫的山石,让人透不过气来,行军的速度也慢下来,有一些体弱的士兵竟晕倒在路边。曹操心里很是着急,他脑筋一转,用鞭子指着前方说:"将士们,我看见前面有一大片梅林,那里的梅子又大又好吃,我们快点赶路,绕过这个山丘就到了!"士兵们一听,口内生津,精神大振,步伐也不由得加快了许多。

这个故事清楚地告诉我们,个体情绪会受到他们接收的信息的影响。在组织中,这些信息可以是组织的发展方向、战略决策,可以是来自上级领导者的指示、命令,也可以是来自组织外部的其他因素。个体情绪以及整个组织的氛围就是在各种信息的影响下变化的。当接收到积极的信息时,人们会开心,整个组织沉浸在喜悦的气氛里;当接收到消极的信息时,人们就会不开心,整个组织氛围便阴云密布。

当然,尽管组织成员可以从其他渠道获得有关组织发展的信息,但来自领导者的信息是最直接也是最能够产生强烈影响的信息。那么，接下来的问题就是领导者应该如何通过发布信息来调控员工的情绪。在这方面，前景理论所讨论的有关消息发布的原则，很值得领导者思考和借鉴。简单地说，消息发布的原则是：

（1）如果你有两条好消息要发布，应该把它们分开发布。分别经历两次好消息所带来的幸福程度之和要大于把两条好消息加起来一次经历所带来的幸福程度。

（2）如果你有两条坏消息要发布，应该把它们一起发布。两次损失结合起来所带来的痛苦要小于分别经历这两次损失所带来的痛苦之和。

（3）如果你有一条大大的好消息和一条小小的坏消息，应该把这两条消息一起发布。这样的话，坏消息带来的痛苦会被好消息带来的快乐所冲淡，负面效应也就小得多。

（4）如果你有一条大大的坏消息和一条小小的好消息，应该分别发布这两条消息。这样的话，好消息带来的快乐不至于被坏消息带来的痛苦所淹没，人们还是可以享受好消息带来的快乐。

在现实的经营实践中，人们的行为与这些原则所要求的正好相反。通常来讲，人们愿意把好消息一股脑地告诉大家，所谓好事成双；而当坏消息出现时，人们喜欢隐藏、滞延或者缓慢地说出来。其实，这样做不仅无济于事，而且只能增强消息接收者的痛苦感。

从调控下属情绪跟进激励的角度，领导者需要认真理解并运用消息发布原则。当同时有多条好消息时，领导者应该学会忍而不发，要掌握好节奏，逐步地将好消息扩散到整个团队。当组织遇到许多不利局面时，领导者也不应该每天都向大家传递那些负面因素。那些天天把困难挂在嘴边的领导者，不仅不能培养人们的危机意识，还会把组织成员的积极情绪消耗殆尽。

除了上述做法外，领导者还可以变通一下对消息的理解。例如，领导者可以把一条好信息变成若干条小的好消息，然后再分步骤地告知组织成员，组织成员的心情就会更好一些。此外，可以把那些不好的消息先控制住，经过自己的过滤和分析，将它们整合成一条坏消息再告诉给组织成员，他们的痛苦感反而会减轻。

需要特别提醒的是，领导者传播信息的方法是多种多样的。除了报告、电子邮件、开会等正式方法外，还有一些非正式的方法，如表情、身体姿态等，它们在传播信息方面的作用也是绝对不能忽视的。例如，领导者面部表现出的轻松、坚毅和乐观，会感染整个组织；而领导者的沮丧也一样会使大家情绪低落。一个优秀领导者懂得人们情绪的重要性，通过驾驭信息，控制消息收放的节奏，从而对下属的情绪加以调控。

以上所讨论的确立愿景、团结下属、沟通交流和跟进激励是领导者最基本的职责。这四项职责可以分为两类：确立愿景与工作和组织相关，而另外三项职责都与人相关。也就是说，在确定了方向后，领导者还是要做大量与人有关的工作。需要强调的是，领导者自身、组织发展阶段、组织类型等因素都会影响实践中的领导者具体职责，但不管怎样，认真履行好这四项职责都是最根本的。

领导和管理是硬币的两面，在实际的经营活动中，变化和规则都不能少，领导和管理也不能有失偏颇。单就领导行为而言，真的是丰富多彩，各领风骚。或许正是因为领导行为的多样性，才增加了领导行为的趣味。从学术角度归纳出的一些行为模式，多少有失偏颇。所以，倒不如回到最底层的行为，虽然在这个底层行为上也需要根据具体情况进行适应性的调整，但终究会构建更加扎实的基础。

第 3 章

领导特质

领导者应该具备怎样的素质？当被问及"古今中外，各行各业，你最佩服的领导者是谁"时，各种各样的回答所呈现出的领导者真的是形形色色，甚至可以看到那些有着明显"缺点"的领导者也能够被称为"伟大"，领导特质很难有统一的标准。虽然领导特质各有千秋，但还是有一些基础和公认的能力值得了解。

丰富多彩的领导特质

在理解领导者需要具备什么素质之前，我们先来了解一下领导特质理论。领导特质理论，也被称为素质理论、性格理论等，认为优秀领导者都具有共同的特征，因此力图从领导者个人品质和特性上找出有效领导的特征。其中，又可分为传统特质理论和现代特质理论两种。传统特质理论认为，领导者的个人品质是与生俱来的，生来不具备某种特质的人就不能成为领导者。现代特质理论则认为，领导是一种动态的过程，领导者的个人品质和特性是在实践中形成的，是可以通过训练和培养造就的。

1. 传统特质理论

这个理论常常受到"伟人理论"的影响，其研究对象更多聚焦于时代领袖，总结出"不可辩驳"的结论。不能否认的是，伟人的确都是其所处时代优秀的领导者，他们所表现的素质能力是卓尔不群的。所以，常常会产生一种观点，即伟大的领导者都是天生的。

在我国古代"君权天授"的逻辑下，古代君主身上往往存在各种异象。例如，《史记》中所描述的汉高祖刘邦："其先刘媪尝息大泽之陂，梦与神遇。是时雷电晦冥，太公往视，则见蛟龙於其上。已而有身，遂产高祖。"史书中很多君王都有不同于常人的"异象"。有统计表明，宋代君主的异象率最高，包括光、龙、香气等。后来许多有所成就的人，似乎也都有异象。例如，王阳明出生时出现五彩祥云，并且传说他是云中神人送子；曾国藩出生时，祖父曾经梦到有一条巨蟒缠在他家的柱子上，所以认为曾国藩是巨蟒转世。类似的故事有很多，不论真伪，单就异象而言，无非是强调当事人的独特禀赋。

撇开上述种种光怪陆离，该理论的最大问题是：组织将会把重点放在领导者的挑选而不是培养方面。相信领导能力是由遗传和童年影响决定的人，总是将领导者具有非凡魅力的观点搬出来，强调一个人独特的稳定因素来自基因遗传和早期形成的性格，不是后天能学到的。在这种思想的影响下，组织首先确立了能够成为领导者的特质，然后把工作重点放在考察选拔上，最后选拔那些能够符合领导特质的成员成为领导者。这样的组织开始时会在组织内部选拔领导者，但是当未能取得预期效果时，组织很容易会认为"我们的组织成员都很平庸""没有千里马"等。于是，组织就会从外部寻找领导者。外部领导者虽然有丰富的经营管理经验，但因为缺乏对组织的感情和融入，常常很难适应不同的领导环境，也就很难更好地发挥出领导效能。

2. 现代特质理论

现代管理学之父彼得·德鲁克曾表达过：可能的确存在"天生"的领导者，但这种人太少，根本就不能成为主流，领导艺术必须通过学习获得而且也能够通过学习获得。这就是现代特质理论的基本理念。现代特质理论认为，不存在天生的笨人，所有人都同样可以被塑造成领导者，只不过一些人比其他人更有可能成为领导者。根据这种观点，企业将更加专注于其内部成员的能力和素质发展。企业不再仅是通过一些经历去考验每一位成员，而是在公司整体战略的指导下，通过认真分析，确定公司各层领导者所需具备的能力要求，然后有针对性地设计领导开发系统，并审慎地选择具有潜力的人员，配合企业整体的人力资源系统，培养真正符合企业要求的领导者。

综上所述，领导者特质理论的缺陷是无法避免的，主要表现为以下几点：第一，过于强调领导者在整个领导过程中的主体地位，忽略了被领导者的地位和影响作用。正如前面所指出的，脱离被领导者来谈论领导者的品质和能力，是缺乏系统性的。第二，有关领导者个人品质和特性的内容过于繁杂，且随不同情况而变化，很难准确探明获得成功的真正因素。第三，难以准确描述领导者所有特质特征及在不同组织背景下的相对重要性。第四，过于强调领导者特质的标准性，忽略了领导者特质的差异性，在一个组织获得成功的领导品质不一定能在另一个组织中获得成功。

然而，尽管存在上述缺陷，但直到今天，有关领导特质的研究也没有停止，研究者总希望能够找到优秀领导者的特质。应该承认，领导特质理论的基本逻辑是可取的，但领导者的状态的确差异很大。所以，这些研究总结很难统一，也很难指导实践。当企业面对领导者的选拔和培养的具体问题时，就需要更具体的理论和工具，这就是人们常说的胜任力。

从特质到胜任力

如果说特质更多是以领导者自身的状态为参照，那么在组织内部讨论领导者素质时，就不能仅以领导者个体的状态作为参照，必须结合这种特质能否保障工作顺利开展和完成。"领导者应该具备怎样的胜任力"这一问题更务实，也更有意义。

1. 胜任力

"胜任力"一词源于英文"competency"，意为能力、技能。作为管理领域的专业术语，"胜任力"概念诞生于 20 世纪 70 年代，但它所期望解决的问题及所表达的基本逻辑自古就存在。我国古代军事著作《孙子兵法》特别强调："将者，智、信、仁、勇、严也。"这可以说是中国古代管理思想中对胜任力最明确的描述。"智"就是识时务、通权变，"信"就是言必信、行必果，"仁"就是泛爱众、得人心，"勇"就是不犹豫、不畏惧，"严"就是严肃军纪、有过必罚。直到今天，孙武选将的五个标准仍然有一定的借鉴意义。

在现代管理理论中，科学管理之父弗雷德里克·温斯洛·泰勒（Frederick Winslow Taylor）通过"时间-动作研究"认识到优秀工人与较差工人在完成任务时的差异，并建议管理者以此分析工人完成任务所需能力的结构，进而安排系统的、有针对性的培训，以提高工人技能，优化组织效率。泰勒最早注意到人们在完成某项活动时所需的能力可以被划分为若干组成部分。在他之后，切斯特·巴纳德（Chester Barnard）将职业的道德准则、承担责任的能力、一般和特殊的技术能力、为他人制定道德准则的能力等作为管理者必备的能力，这是首次将能力结构分析应用到管理者的范畴当中。1954年，约翰·弗拉纳根（John Flanagan）提出"关键事件"方法，总结出管理者的7个工作要素，即生产监督、生产领导、员工监督、人际协调、与员工的接触和交往、工作的组织计划与准备以及劳资关系。以上三例都可以被视作胜任力研究的起源，他们虽然没有直接提出这一概念，却在实质上启动了该领域的研究进程。

1973年，著名人力资源开发学者戴维·麦克利兰（David McClelland）在他的经典论文《测量胜任力而非智力》中正式提出"胜任力"这一概念，在此基础上，胜任力理论被不断丰富，见表3-1。

表 3-1　胜任力理论概括

定义	与工作、工作绩效或生活中其他重要成果直接相似或相联系的知识、技能、特质或动机	
基本特征	综合性	胜任力由多种要素组成，是知识、技能和自我意识、行为动机等要素的有机结合。
	可识别性	只有那些能够将高绩效者和低绩效者显著区分开来的特征才能称得上是胜任力。
	动态性	胜任力是动态的发展过程，具有一定的可习得性和迁移性。
	与工作的紧密性	胜任力必须与工作任务密切相关，是个人能力与工作情境的有效匹配。

2. 胜任力模型

胜任力模型是达成某一绩效目标的、一系列不同能力要素的组合，是组织中特定的工作岗位所要求的与高绩效相关的一系列可分级的、可测评的素质或素质组合。关于胜任力模型的结构，并没有统一的标准，普遍被接受的胜任力模型主要有三种：冰山模型（Iceberg Model）、洋葱模型（Onion Model）和胜任力辞典（Competency Dictionary）。见表 3-2。

表 3-2　普遍被接受的胜任力模型

胜任力模型	提出人及基本观点	具体内容分类
冰山模型	由莱尔·斯潘塞（Lyle Spencer）等人提出，将人的胜任力分为两大类。	水面上的冰山部分即"显性胜任力"，主要是技能、知识，是胜任者的基本素质；水面下的部分被称为"隐性胜任力"，主要包括角色定位、价值观、自我认知、品质和动机，这部分往往被视为区分高绩效者和一般绩效者的关键要素。

胜任力模型	提出人及基本观点	具体内容分类
洋葱模型	由理查德·博亚特兹（Richard Boyatzis）提出。	从另一个角度对冰山模型进行的解释。它像洋葱一样分为由内至外的若干层次，各种胜任力要素由外到内依次是知识、技能、态度、价值观及自我概念、特质、动机。
胜任力辞典	将七种胜任力特征编制成了一本词典。	通过对比每一项评价标准，人们很快便能熟悉自身胜任力的长处与不足，构建出自己的胜任力模型。

除了这三种比较通用的胜任力模型外，因为胜任力与工作有关，在管理实践中，企业还会根据特定情况总结出更适合自身的胜任力模型。

举例来说，表3-3是一家物业公司对其"管家"这一职位构建的胜任力模型。随着社会的发展以及居民对高品质社区生活的需要，物业公司的业务范围已经从最初的保安、保洁、保绿、保修传统"四保服务"，发展到如今的家政、经纪、托幼、养老及电商等。在此过程中，管家作为物业公司内部与业主联系最为密切的员工，要承担起更大的责任。对物业公司来说，如何更充分地发掘管家价值，发挥管家与业主的情感距离优势，持续增强业主黏性，提升情感依赖，将是决定物业公司增值业务能否长久开展的根本之道。正是在这样的背景下，物业公司重新构建了管家胜任力模型。

表 3-3　物业公司管家胜任力模型

类别	维度	素质	具体阐释
显性素质	知识	知识储备、技能掌握与经验运用	在工作中必备的知识、技能与经验体系，包括基础层和专业层。 基础层：具备基本的生活常识，掌握基础的服务礼仪，了解行业的规章制度，形成自身知识、技能与经验体系，有效完成本职工作的开展。 专业层：根据业务需要更新并完善自身知识、技能与经验体系，对增值业务的内容范畴、运营模式、市场定位、核心竞争力等具备基本了解，可清晰、准确地向业主进行传达。
	技能	沟通与表达能力	在面对面沟通方面，能够主动倾听他人的倾诉，表达时抓住要素，表达意图，简明扼要，易于理解；在书面沟通方面，能够清楚地表达自己的观点，文法规范。
		观察与理解力	能够在工作中主动发现或感知需求，在与业主、团队成员、领导等的交流中能够快速捕捉要点，并将要点转化为具体需求。
		自我控制力	在面对困难时，能够主动克服，在面对他人的反对、敌意或在长期重复性工作及压力环境下，能够保持冷静、控制负面情绪和消极行为，继续完成工作任务。
		人际处理与团队协作	能够建立并维护对工作目标有用或可能有用的人际关系（如业主、工程师、增值业务团队等）；在团队内部或者外部发生分歧时，能够以零代价或较小的代价来化解争议和分歧，促成相互理解，获得支持与配合。
		宣传推广与组织策划能力	能够根据要求，明确目标、制定相应程序和计划，在权限范围内配置资源；可利用文字或图片对活动内容进行呈现。
		信息收集与处理能力	能够主动努力地去获取更多信息，并编译汇总成为易于接收的文字信息，主动分享给团队成员及业主。

类别	维度	素质	具体阐释
显性素质	技能	与互联网相衔接能力	具备基础的互联网知识，能够主动利用互联网手段（App、微信、微博、论坛、视频、软文等），高效开展日常工作。
隐性素质	品质	积极主动性	即使无人要求，依然积极肯干并能出色地完成工作任务或为公司创造新的机会。
		服务精神与同理心/共情能力	在工作中善于站在对方的立场思考问题，具备设身处地为对方着想、行事，并满足对方需求的意识。
		友善、有耐心、有爱心、有亲和力	有精力、有动力、有需求去做事情，尤其在面对阻力或困难时，在完成之前很少放弃；大多时候愿意主动向他人表达善意、友好和关怀，从而获得对方的认可，并顺利建立亲近关系。
		创新意识	勇于创新、富于创造，依靠习惯性、主动性以新想法、新思路、新方式来改进工作。
		弹性与适应性	面对不同的工作场景，能够灵活、有效地开展工作，同时能够适应不同人群（业主、领导、团队成员等）的风格和行为方式。
	态度和价值观	关注细节	在工作中，关注细微之处并将之处理好。
		责任心与使命感	主动将公司利益和个人利益捆绑，工作中对问题不回避并积极解决，不推卸责任，积极、主动、出色地完成任务。
		追求卓越	不满足于现状，秉持精益求精的态度与精神。
		坚持原则	自觉遵守行业规则与公司的制度，并抵触不道德的行为。
		绩效导向	以业绩表现作为评价工作成效的标准与依据。
		组织认同	员工在行为观念等方面，与公司保持一致，对公司拥有责任感、归属感，并为公司尽职尽责。

尽管不同行业、不同组织、不同岗位的胜任力模型的结构不尽相同，但胜任力模型都有以下共同特征，而正是因为胜任力模型的这些特征才使得它成为领导开发系统的基础。

　　（1）一个胜任力模型通常会充分描述未来工作的努力方向，这会对未来的工作承担者提出要求。

　　（2）当一个人具备了胜任力模型中更多的因素时，他也就具备了更高效工作的可能性，这样的说法为未来的领导者培养指明了方向。尽管这一点经常被质疑，但毫无疑问，一组罗列清晰的能力会使得与领导者培养相关的各方行动更有效率。

　　（3）胜任力模型提供了标准，只要将它与目前的工作承担者对比，就能对他进行相应的人事安排。

　　（4）更重要的是，组织会认为胜任力模型将过去的基于主观判断的管理科学化起来，这也将有助于领导开发系统得到组织内各方面的支持和参与。

3. 胜任力模型的应用

　　今天，随着理论研究的不断深入，胜任力不再是单纯地用于识别员工能力素质的关键因素，而是已经发展成为组织在人员管理方面的重要基础，并成为组织提升未来竞争力的重要工具。华为作为全球领先的信息与通信技术解决方案提供商，它的成功在很大程度上得益于其卓越的人才管理体系，其中胜任力模型扮演了重要角色。招聘员工时，华为公司会通过科学的评估方法和工具，对应聘者的专业能力、领导力、团队合作能力、沟通能力、创新能力进行全面、客观的评估。在工作岗位上，领导者通过观察、交流和评估，发现员工的独特优势和潜力。结合胜任力模型，华为公司能够不断地做出动态调整，将合适的员工放置在最适合的岗位上，充分发挥他们的长处和优势。

由此不难看出，胜任力模型奠定了组织在人员管理方面的重要基础。应该说，在不规范的组织或是中小企业中，领导胜任力的标准未必明确地显示出来，但是这并不妨碍组织沿着类似的逻辑选拔和培养领导者。对于那些较为规范或已具规模的组织，认真思考并积极构建领导胜任力模型是非常必要的，它必定为组织的长远发展奠定坚实的基础。

领导者的基本胜任力

在管理学领域，关于领导者应具备哪些素质的问题至今没有统一的标准答案，且在管理实践中，优秀的领导者表现出各种各样的特质，因此构建一个适用于所有领导者的通用素质模型确实是一项极具挑战性的任务。当然，如果沿着领导者的基本职责这条脉络，去掉领导者身上那些独特的魅力和光环，我们还是能够发现领导者应该具备的关键素质，这就是所谓的**基本胜任力，具体包括目标导向、精益求精、同理共情和善待下属等四个方面**。

1. 理念上：目标导向

既然领导者的第一个基本行为是确立愿景，那么从特质的角度来看，领导者就要具有始终秉持愿景的信念。在管理实践中，领导者需要把伟大、长远的愿景分解成可执行的阶段性目标，相应地，执着的信念就会体现为坚定的目标导向。目标导向对领导者的影响大致表现在以下三个方面。

（1）目标导向要求理性思维。目标导向下的领导者在进行决策和采取相关行为时，会自觉地以是否有利于目标的达成作为判断的标准，这样就可以使领导者摆脱情绪波动的束缚，更加聚焦于理性的思维。例如，领导者经常会面对人事决策，也就是如何用人的问题。如果一个领导者是目标导向的，用什么人就会取决于这个人是否胜任工作；而如果这个领导者心中没有明确的目标，那么在决策时就不可避免地会受到人情世故或个人好恶的影响。优秀领导者对于下属没有什么好恶，他更加重视谁能帮助更好地实现目标。目标是领导者决策权衡时的重要依据。另外，目标导向的领导者在采取举措时反而会保持灵活的状态，因为有目标的约束，领导者的这种灵活又不至于失去原则。同时，目标导向也能让领导者面对困难时更加坚定不移。苹果公司的联合创始人、前首席执行官史蒂夫·乔布斯（Steve Jobs），一开始就为苹果公司设定了明确的目标，即将苹果打造成全球最具创新力的科技公司之一。他坚信，通过不断推出革命性的产品，苹果能够引领行业潮流，改变人们的生活方式。为了实现这一目标，乔布斯和他的团队致力于产品研发和创新。乔布斯亲自参与产品的设计过程，从用户界面到硬件设计，力求每一个细节都达到完美。第一代 iPhone 一经发布就迅速引发了全球科技爱好者的追捧，许多企业家和年轻人被乔布斯的精神所感染，这也是苹果手机经久不衰的一个重要原因。

（2）目标提升能力。没有明确的目标，个体的成长就呈现一种散漫、无效的状态。明确并坚定地以目标作为行动的指南，个体能够不断根据自己行为结果与目标的差距进行调整，并进行有针对性的学习。刻意练习，就是在目标的明确指向下，有针对性地提高密切相关的技能。目标的聚焦功能，也能让人们避免将精力分散到不同的可能实现的目标中。对企业来说，目标的确定能够使企业更有效率地提升组织能力。例如，对转型中的企业来说，目标导向能够让企业在转型过程中摆脱诱惑，更加坚定。

（3）目标壮大胸怀。"胸怀"是我们在描述领导者素质时经常使用的词语，例如"虚怀若谷""宰相肚里能撑船"等。历史上许多"飞鸟尽，良弓藏；狡兔死，走狗烹"的悲剧，根本原因都与领导者的目标有关。例如，春秋时期的勾践在消灭吴国之前，那是何等的胸怀，而灭吴之后仿佛立刻变了一个人，那些曾经帮助他的人不是被杀就是被驱逐。建立汉朝的刘邦，在消灭项羽之前，也能发出"安得猛士兮守四方"的感言，待得到天下，那些猛士的下场又如何呢？类似的故事在今天也是司空见惯，曾经一起摸爬滚打的创业者最后四分五裂。只有目标导向下的领导者才是有胸怀的领导者，当然，胸怀的大小与目标的状态密切相关，而如果领导者的胸怀发生改变，那一定是领导者的目标发生了改变。

2. 思想上：精益求精

不断精进是领导者应有的心态。在管理学理论的各种模型中，与精进思想完美呼应的是全面质量管理中的戴明循环。通过计划、执行、检查和改进，戴明循环将不断进步拆分成四个具体的动作。戴明循环本来只是在战术层面聚焦于质量改善，该思想被后来的研究者应用到学习型组织理论中，让人们意识到相较于剧烈的组织变革，持续改进对组织有着更大的贡献。

1994年，某国军队进行了一场军事行动。行动结束后，战斗小组立刻进行事后回顾。有个士兵指出他注意到镇上几乎没有狗。于是，他们向当地警方借了一些大型德国牧羊犬，第二个镇子的武装比较成功地得到解除。他们又开会总结还有什么地方可以改进，有个士兵注意到村民在家中比在大街上更容易合作，战斗小组就决定要更多地在村民家中与他们沟通，他们在第三个镇子遇到的抵抗就更小了。战斗小组又进一步总结，他们发现当地人非常尊重妇女，小组就决定让一名女队员担任领导，战斗就更加容易了。

《共有知识》一书中所讲述的这个故事极其鲜活地告诉我们持续改进的价值。太阳底下没有新鲜事，人们大多在重复着相同的工作。如果人们只是机械地重复着，不思考，不积累，业绩就不会得到提升，组织也就只能在原地停留。但如果人们能不断思考如何把那些司空见惯的事情做得更好，业绩就会缓慢提升，这就是持续改进。企业间的竞争常常就表现在谁能把那些共同的、普通的事情越做越好。

在领导者精益求精的督促下，整个组织自然会表现出三种状态。第一个是对于组织目标的严肃认真。精益求精的领导者对自己对下属会有严格要求，这种要求会让整个组织都更加认真地对待每一项工作。没有严格的制度，没有严格的要求，人们就会自然而然地松弛下来，组织就会涣散。第二个是组织成员对组织的高度投入。当领导者追求卓越时，每个人都会从自己的角度去考虑如何改善才能让工作更加出色，在领导者的带动下，组织成员都会更加投入。第三个就是整个组织氛围是积极向上的。精益求精会让大家保持不断追求卓越的精气神，它能够成就积极向上的组织氛围，那些不懈追求的领导者是组织正能量的来源。

思想上的精益求精带来行为上的不断改善，这样才能够推动团队、组织实现从优秀到卓越，也才能够让哲学层面的"螺旋式上升"成为现实。

3. 情绪上：同理共情

情商是一个从 1995 年才开始出现并流行的名词。这个概念是通过《纽约时报》专栏作者丹尼尔·戈尔曼（Daniel Goleman）撰写的轰动全球的《情商》一书得以广泛传播开来。

对领导者来说，情商是一个越来越被重视的个体素质，而且可以经由不断训练和内省来提高。一个高情商的领导者，更加善于处理组织内的人际关系，也更能表现出领导中的人性化，这自然会给组织成员带来积极的感受。

对于情商，丹尼尔·戈尔曼并没有提出一个精确的概念，但他认为情商包含五个主要方面：自我认知、自我控制、自我激励、同理共情以及人际关系管理。其中，同理共情是领导者在处理与被领导者的关系时非常重要的内容。所谓共情，就是能够通过细微的信号，敏锐地感受到他人的需求与欲望，能够设身处地地了解他人的感受，并根据人们的情绪反应采取积极的对策。

在《论语》中有这样一段对话。子贡问曰："有一言而可以终身行之者乎？"子曰："其恕乎！己所不欲，勿施于人。"子贡问道："有没有一个字可以终身践行？"孔子说："那就是'恕'吧！自己不愿意做的事，断不可加在别人身上。"仔细分析"恕"这个字，上面是个"如"，下面是个"心"，这个字明确表达了"他人的心如我的心，我的心如他人的心"，也就是将心比心。大家知道，后来的子贡成为商界的鼻祖之一，恐怕与他受到老师启发，培养出同理共情的领导者特质有着直接的关系。

4. 行动上：善待下属

团结下属的一个基本前提是领导者要善待下属，谁也不会去追随一个对自己有敌意的人。这就意味着领导者要从善意的角度出发，建立起与下属的积极关系。研究表明，领导者与下属关系的亲疏远近对下属工作的投入度确实有着极大的影响。

当年，齐宣王请教孟子如何建立与大臣的关系。孟子回答道："君之视臣如手足，则臣视君如腹心；君之视臣如犬马，则臣视君如国人；君之视臣如土芥，则臣视君如寇雠。"这番载入《孟子·离娄下》中的谈话很清楚地界定了领导者与组织成员之间的三种关系。

第一种关系当然是最理想的。领导者把下属看成自己的兄弟姐妹，那么作为回报，下属也就能够为领导者肝脑涂地。这个组织显然是以善意为基础的。进而"君使臣以礼，臣事君以忠"，下属对领导者高度忠诚，领导者也能够把重要事情托付给他们去办理。在相互尊重和关心的关系下，整个组织能够更加紧密地团结起来。

第二种关系是比较现实的。领导者如果把下属看成实现组织目标的必要条件，那么他与下属之间就是一种非常清楚的、有既定规则的交易。彼此之间没有什么积极的感情，也没有什么消极的感情，大家只是按照职业规则办事而已。这样的组织虽然也能完成工作，但过分"职业化"所营造出的冷冰冰的机器般的关系，更多的像是管理。领导者需要通过善意给组织带去温度。

第三种关系则是一定要注意避免的。领导者如果在心目中极端轻视下属，把他们当成是可有可无的"土芥"，那么下属就会对领导者产生憎恶甚至仇恨的情绪。这是领导者与下属之间最恶劣的状态。在这种状态下，领导者怎么能指望下属投入工作？更有甚者，面对不公平，下属还有可能出现反生产行为。

孟子希望君臣之间的关系建立在善意的仁爱基础上。对于在领导者和下属之间谁应该付出在先的问题，孟子认为领导者与下属的关系建设的主动权在领导者一方。在善意的驱动下，积极建设与下属的关系，这是领导者的重要特质，也能够帮助领导者更好地团结下属。

以上所介绍的领导者的四项基本胜任力，没有哪一项是神秘的或是与生俱来的。事实上，只要领导者能够清楚地意识到这四项基本胜任力，在日常工作中注意并不断强化练习，就可以成为优秀的领导者。这才是领导特质理论的目的：使组织内的每个人都有可能成为一名领导者。

本章小结

　　领导特质是一个很容易艺术化和从众化的领域。艺术化，是因为人们赋予领导者尤其是那些卓越领导者太多神奇的色彩，这当然也是人们津津乐道的原因所在；从众化，是人们在了解那些优秀领导者的特质后总会下意识地模仿。对企业来说，必须将神秘的领导特质请下神坛，建立起具体的培养和发展方式，从而让更多人能够更具胜任力。或许有些领导者的确是天赋异禀，但我们更相信，只要有了方向，加上努力，每个人就都可以成为不错的领导者。

第4章

从下属到追随者

我们常常可以看到，带领一个团队取得优秀业绩的领导者，在面对另外一个团队时却表现平平。领导者在反思得失的时候，不妨挑战一下这个严肃的问题：你的下属一定是你的追随者吗？很显然，如果不能够让下属完成这样一个转换，你就还不是真正的领导者，领导效能的保障就根本无从谈起。

下属不一定是追随者

"下属"概念所对应的是"上级"，是工作职责自然赋予你与上级之间的工作关系。但是，很明显，领导者所对应的应该是追随者。

1. 谁是追随者？

下属里面谁是追随者呢？通过组织成员的状态来了解下属的

追随力水平，从而大致判断谁更有可能是追随者。哈佛大学肯尼迪政府学院的芭芭拉·凯勒曼（Barbara Kellerman）教授提供了最简单的模型。这个模型只有一个变量，就是参与度，下属参与上级目标的状态。根据参与度状态，组织成员可以被分为隔离者、旁观者、参与者、积极分子和死党，如图 4-1 所示。

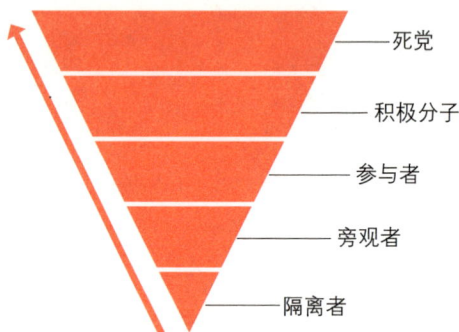

图 4-1　组织成员分类

（1）隔离者：他们的心思不在组织内，而是准备随时离开组织，他们对于组织工作漠不关心，只是机械地完成而已，他们可以被定义为"领工资的人"。

（2）旁观者：他们观察，没有明确的立场，不参加领导者及其群体的活动，他们表现出一种貌似中立的状态，不打算付出更多努力。

（3）参与者：他们明确表现出对领导者的偏爱，愿意参与到领导者所主导的活动中来，在这个过程中，他们表达自己的观点，并且愿意配合其他人，但是这样的参与也只能用中规中矩来描述。

（4）积极分子：他们密切关注领导者，并采取相应的行动，他们热切、精力充沛、努力工作、毫无抱怨。

（5）死党：或者称为顽固分子，是指那些极度忠诚于其领导者的个体，他们不仅全身心投入工作中，甚至会为了领导者及其目标做出重大牺牲。对于他们来说，奉献是一种自然而然的状态，领导者及其目标成为他们判断事情的标准。

凯勒曼教授的模型是从一般意义上讨论的组织成员，尽管用词和分类或许有些政治化，但至少可以提醒我们：并不是每个下属都会成为领导者的追随者，可以被称为追随者的"积极分子"和"死党"在数量上是有限的，而大部分人只是下属和被管理者而已。

2. 人们为什么不追随？

回答这个问题之前，我们先来看看人们为什么会追随。虽然影响人们追随的因素是多方面的，但非常重要的一个因素是人们通过追随来学习和积累能力、经验，例如学徒式追随。在印刷术广泛使用之前，知识的口耳相传及由此产生的行为的潜移默化，都是通过人际追随来实现的，孔子和他的弟子们的故事充分说明了这一点。

进入21世纪，互联网技术改变了人们获取知识和能力的方式。只要一个人愿意，他甚至可以不用离开电脑就能掌握所需要的知识和能力，互联网提供的知识共享平台正在成为人们的"导师"。不仅如此，互联网更进一步驱动了整个社会的深层变化，这些变化又都直接或间接地影响着人们的追随力。

（1）社会层面：伴随社会变化，曾经影响人们行为的传统价值观和社会规范日益受到挑战和冲击，其中包括承诺、忠诚、敬业、利他等。

（2）组织层面：追随一般发生在特定的组织内，如果组织本身的薪酬政策、个人发展政策等缺乏吸引力，那么单凭领导者的个人魅力是不足以激发长期追随的。另外，虽然薪酬福利会对员工产生最直接的作用，但是让员工更愿意深度融入的一定是来自对企业愿景的高度认同。不幸的是，很多企业越来越倾向于短期的、绩效导向的、快速获利的发展理念。在该理念的驱动下，组织更加不屑于为员工制定具体的职业成长路线，也不会将员工的培养与发展看成组织的基础工作。"短平快"让组织更倾向于通过不断进行外部招聘来帮助组织成长与迭代。放弃与员工的共同成长，基本上决定了组织不可能培养出员工长期的追随力。

（3）领导者层面：人际关系要经受得起时间和事件的考验，能够与领导者同甘共苦而不离不弃的员工，才可以被认为是坚定的追随者。不确定性和竞争所造成的生存压力，让领导者更倾向于短期人际关系的建设。领导者行为的短期性，自然就会导致追随的短暂性。从某种角度来看，短期的追随甚至不能被认为是追随，更像是一种交易或权宜之计。另外，领导学的经典行为模型，将领导者的行为分为"对工作的关心"和"对人的关心"两个维度，在业绩压力下，领导者不得不将更多的注意力放在工作任务方面，对人的关心无论是在实际行动上还是在领导者理念方面都大大地被弱化了。彼此缺乏关心直接导致的结果就是追随力的下降。

（4）个体层面：必须承认的是，很多追随是基于一种信息不对称状态下的认可。但是今天，信息更加丰富，这就让追随者有了更多机会去充分认识和接触领导者，领导者的神秘光环便特别容易褪去。如果说过去围绕在汉高祖刘邦身上的"人为的"神秘，足可以使那些部属死心塌地追随，今天的领导者则必须是真诚和真实的。另外一个特别明显的变化是，"00后"更追求表达自己而不是欣赏他人，他们会努力追求自己的目标而不是认同他人的目标。但是，**追随是基于欣赏的，而当人们追求自我实现和个体价值时，也就更加挑剔他人，这自然会减弱追随力**。

通过上述分析不难看出，追随力的缺乏不单是追随者的个人问题，社会变化、组织理念、领导者具体行为都在削弱追随力。可是，来自企业经营的压力又让今天的领导者比以往都更加迫切地需要下属成为热烈的追随者。那么，典型的追随者是怎样的呢？

3. 模范追随者素描

我们不妨给工作场所的模范追随者来个素描，如图4-2所示。

通过模范追随者的描述可以发现，一个与组织毫无关系的个体，从最初的懵懂到对组织的认可，继而发展到对组织活动的高度参与并成为一名追随者，不可能通过招聘就能完成。在员工加入组织后，还需要一个过程来帮助他从仅仅挣取薪资到成为组织的追随者。当然，领导者也不能期望所有人都成为模范追随者，但通过对模范追随者状态的认识，打造组织追随力也就有了更清晰的方向和行动。

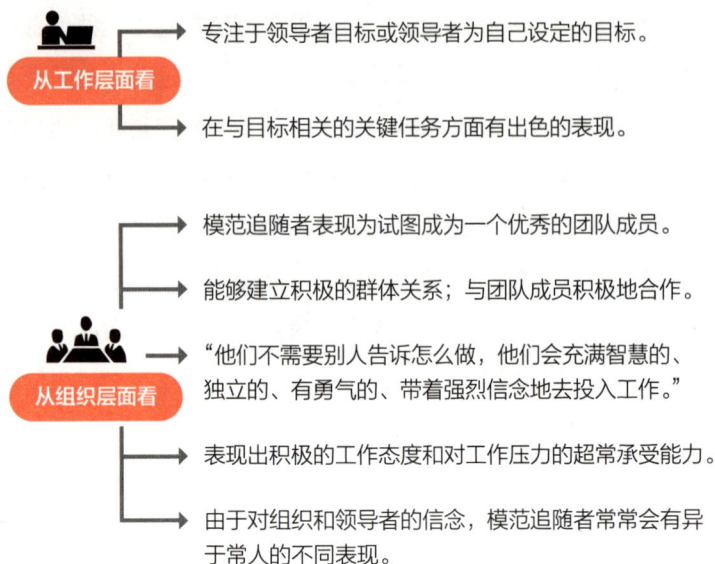

从工作层面看 → 专注于领导者目标或领导者为自己设定的目标。

→ 在与目标相关的关键任务方面有出色的表现。

→ 模范追随者表现为试图成为一个优秀的团队成员。

→ 能够建立积极的群体关系；与团队成员积极地合作。

从组织层面看 → "他们不需要别人告诉怎么做，他们会充满智慧的、独立的、有勇气的、带着强烈信念地去投入工作。"

→ 表现出积极的工作态度和对工作压力的超常承受能力。

→ 由于对组织和领导者的信念，模范追随者常常会有异于常人的不同表现。

图 4-2　工作场所的模范追随者素描

追随的重要性：创业者凭什么东山再起

在变化的环境下，讨论"追随"是非常务实的。领导者的存在是因为有追随者，如果组织在发展过程中遇到一些问题或发展不顺利，不得不裁员或者员工主动离职，没有了追随者的领导者就真的成了孤家寡人。为了进一步认识到追随的重要性，下面以创业领导者为例，具体说明如果能够建立起真正的追随力，创业便会有更大的胜算。

有关创业的故事和经验有很多，然而创业成功的统计数字非常不乐观，仅为3%。尽管这个数字未必准确，但至少说明企业的成功并不是像老师在 MBA 课堂上描绘的那样——是一件非常确定的事情。现实的情况也是这样的，那些被所谓的"理论"和"经验"忽悠得热血沸腾的创业者，回到现实中发现一切都是冰冷的，各种错误根本无法避免，各种压力必须自己扛下来。创业成功是一个小概率事件。

3% 这个数字容易让创业者绝望：既然创业成功的概率这么低，为什么还要选择创业呢？但是，我们换一个角度，这个数字反而揭示出创业的本质。这个逻辑有点像愚公移山，一次不成功没关系，再不成功也没关系，继续努力，早晚是会成功的。

沿着这样的逻辑思考，有关创业的真正问题是：一个人经历创业失败后，如何能继续创业？这里不进行眼花缭乱的数学假设和统计计算来建立最终成功率模型，但就常识来说，如果人们能够有可能不止一次重新来过，那在一个足够的时间跨度内，就能够取得成功。下面讲一个大家耳熟能详的故事：在与项羽的多次战斗中，刘邦不仅从来没有获胜过，而且还有几次差点丧命。但一次次的失败，并没有消耗掉刘邦的战斗意志，反而让他在垓下一战，将项羽彻底击败。所以，对创业的研究和认识，重点不应该是如何保障创业成功，而是在创业失败之后如何继续创业。

创业不是翻过一座山，而是要在层峦叠嶂中保持欣赏风景的心情和能力。创业的真理是：只要你能够东山再起，创业就一定是能够成功的。看看古今中外那些东山再起的创业者，无论是在政治领域还是商业领域，不难发现一个共同点：即使在穷途末路的时候，他的身边总是有坚定的追随者。即使输了江山，但是没有输人，只要有那些老战友、老伙计、老部下，就有了最大的东山再起的资本。这话听起来是不是很耳熟？一个世纪前的美国钢铁大王卡内基大概说过类似的话：把我的资产全部拿走，只要把人留给我，五年之内，我就能使一切恢复如初。在江河日下的情况下，怎样留住追随者从而为未来的成功积聚最重要的资本？那些能够东山再起的领导者，在最困难的时候，都能对下属做到下面这几点。

1. 控制情绪

情商基本要素中非常重要的一项就是自我控制，控制和转移破坏性的情绪或冲动，维持感情平衡，调控自己的情绪，使之适时适度地表现出来。伴随创业失败过程，创业者也体验着震惊、无奈、愤怒、悔恨、哀伤、失意等五味杂陈的情绪。领导者要控制好自己的情绪，处乱不惊，这的确很难做到，尤其是因各种意外情形而极度愤怒时。这种失去控制的愤怒状态真的会"丢人"，不仅会丢掉生意伙伴，甚至还会丢掉自己的亲密战友。

领导者的情绪失控会导致非理性决策。组织出现的负面状态会导致创业者做出情绪化的决策并进一步恶化组织的状态，这种恶性循环只能加重组织问题。相反，领导者如果能够管理好自己的情绪，并且主动为整个情绪的良性循环注入积极力量，那很可能就是另外一种情形了。

在楚汉争霸的关键时期，刘邦被项羽围困在荥阳，韩信却占据了齐国故地想自立为齐王。他就派人向刘邦请求加封为假齐王。刘邦勃然大怒，当着使者的面就破口大骂。这时，坐在旁边的陈平和张良都很清楚，韩信的态度对于楚汉争霸有着决定性的作用。于是，陈平在案下轻轻踩了刘邦一脚。刘邦立刻明白过来，改口接着骂："大丈夫要做就做个真王，何必做假王！"关键时刻，刘邦控制住了情绪，保有了最重要的追随者，赢得了最后的胜利。

2. 承认过失

尽管组织的失败首先表现在战术层面，例如产品设计老旧、渠道失控、人员离职等；但创业者必须从战略层面找原因，战术本身只是战略执行的表现。创业者团队的集体反思和对战略工作的冷静复盘是必要和重要的。只有经历这个痛彻心扉的过程，才能将经验内化为创业者团队的未来基因。这也是未来东山再起的重要一环，学费也不会白交。

总要有人对过去的失败负责。当然，最失败的创业者会选择推卸责任：推卸给外部环境，推卸给竞争对手，推卸给管理层等。对失败的任何外部归因都是没有帮助的，尤其是把责任推卸给下属，是创业者无能的典型表现，容易给人留下怯懦和不能担当的印象。创业者要真诚地剖析失败的原因，只有发自内心的真诚才能在变局下保留信任的火种。谁又愿意一直当那种无妄的"背锅侠"呢？

3. 表达信心

人们选择继续追随你的一个重要原因，是他们相信你还是能够东山再起的。虽然没有躲过这次"滔天巨浪"，但是大家"落水"后还是愿意和你一起，因为相信你。在经营下滑或者失败的局面下，建立信心是不容易的。这个时候要特别注意，创业者个体所呈现出来的状态是信心最好的表达。让追随者知道，你并没有被失败击倒，失败反而让你成长和成熟，让你对于经营环境的掌控变得游刃有余。

信心，可以通过身体状态、面部表情以及言谈举止传递给外部。健康的身体状态、良好的精神面貌、清晰的语言表达，历练之后更加沉稳的语调和表达方式，都可以给追随者带去愈挫愈勇的感觉。另外，对生活始终的热爱、兴趣和追求，健康的生活习惯，积极的兴趣爱好等，也都可以表露出领导者依然昂扬的精神风貌。

4. 经营情感

组织承诺理论认为，相较于基于算计的、理性的交易型承诺，情感承诺本身是脆弱的。早期创业团队的心理距离很小，日常活动也都在一起，人们有着频繁、亲密的心理互动。但随着组织规模的扩大、人员的增加，曾经一起的创业团队不再像过去那样有着密切的互动，人际隔阂在不断加深。不断增长的人和不断增加的事情都在分散和占据领导者的感情。越来越多的"忽略"也会使曾经的感情化为乌有。另外，开始挣钱的公司高管们，最开始的内在动机也在逐渐让位于金钱的驱动。相较于股权、奖金等，"情感"已经成了一个天真的笑话。

但是，当算计越来越普遍的时候，那些维系人际关系最纯真的情感反而更加稀缺宝贵。强大深沉的情感所蕴含的能量是难以计算的，它可以让追随者被内心而不是被利益驱动，它可以让人际关系更加和谐，它可以让群体放弃矛盾和隔阂而表现出更强大的战斗力。这些通常是一个初创企业最重要的特点，只是在后来很可惜地渐渐淡化了。东山再起的组织，自然要回到这个起点。对于一个失去经济资本的创业者来说，东山再起的本钱就是情感。非理性的情感恰恰是追随力的根源。

情感建设可以通过精心策划的活动来实现。尽管活动的频次不如以前，但是有没有活动却是不一样的。随着企业的发展和工作的繁杂，人们越来越忽略人际情感，创业团队之间感性的情感交流越来越少，取而代之的是理性的工作争吵，长期下来宝贵的情感不仅荡然无存，甚至会反目成仇。我们意识到情感的宝贵，就需要认真地经营，这样才能使情感随着岁月更加浓烈。

人们常用"东山再起"来描述一个失败者的再次辉煌。能否更进一步设想，你的旅程不是穿越一座山，而是一群山，那么，你的经历就不是一次东山再起，而是要不断地起起伏伏，直至抵达人生的目的地。

曾国藩曾说：男儿未盖棺，进取谁能料。只有那些众叛亲离的失败领导者才会失去最后翻盘的机会，"失败"的创业者只要保持内心的强大，并且珍视同行的创业伙伴，使他们依旧不离不弃去追随，咬紧牙关，不断努力，成功就是一件确定、一定、肯定的事。

以上是从创业者的角度来讨论追随的巨大价值。推而广之，**在变化的背景下，领导者和追随者之间的稳定关系，无疑是企业经营最为重要的压舱石。**领导者必须珍视追随者。"以奋斗者为本”，站在领导者的角度看，其实就是“以追随者为本”。简而言之，领导者不能对不起追随者！

强化追随力

从员工到追随者，下属与上级的关系超越了劳动契约的规定。追随者不仅要付出工作努力，保障出色地完成绩效，而且要为领导者分担更多压力，甚至忍辱负重。从领导者的角度看，成为追随者的下属更容易受到信任。**按照领导成员交换理论，高质量的领导成员关系是高绩效的重要保障**。对于领导者来说，“强化追随力”是“磨刀不误砍柴工”，能达到事半功倍的效果。那么，如何强化追随力呢？下面从事前、事中、事后三个阶段来分别论述。

1. 事前：审慎挑选

追随力是有差异的。同时加入一个团队的新员工，在工作了一段时间后，对团队和团队领导者的心态会有差异。正是从这个普遍的现象出发，为了强化追随力，首先就要审慎挑选人员——挑选那些更有可能成为追随者的申请人。

为了能够获得高追随潜力的员工，甄选流程需要更加严格，在人员选聘标准方面，不仅要考虑工作适配性，更要考虑工作申请人与其未来领导的适配性。在大多数的甄选标准里，企业往往会把候选人的能力和知识状态列为最重要的评判标准。企业采取面试和各种甄选方法，也主要是来判断申请人与工作的匹配程度。这样的甄选导向，并没有从领导效能的角度出发，而纯粹是从工作角度来选择组织中的管理者和被管理者。简而言之，通过现在的招聘方式所建立的队伍或许是职业化的、有能力的，但未必是有追随力的。为了解决这个问题，可以考虑邀请未来用人部门的领导者直接参与招聘环节。如果用人部门的领导者直接参与整个招聘过程，他不仅更容易把握应聘者的状态，也能够通过招聘过程中的权威展示来得到应聘者的感激，这就能够夯实追随的人际心理基础。

另外，为了提高组织成员普遍的追随力，企业在员工甄选环节可以更为严格一些。社会心理学告诉我们，人们会更加珍惜多付出而得到的机会。例如，有一些企业，在人员的筛选环节有极为苛刻的要求，当人们加入并成为其中一员后，就会有更强的归属感。虽然严格的程序会让一些申请人望而却步，但通过严谨步骤筛选出的人员会更加投入到来之不易的工作机会中。相反，招聘环节的随意必然滋生出人们对于工作的轻视。

2. 事中：动机强化

如果要让加入组织的员工保持追随力，就需要得到来自组织的不断强化。这个强化必须是具体的、实际的，而不能仅仅是一种符号。根据巴甫洛夫的反射理论，必须给予真正的刺激，而不是仅仅让人们听到铃声。具体说来，在员工与领导者相处的过程中，领导者一定要给予员工合理的报酬，要让他们意识到，追随是可以得到实在的奖励的。

报酬分为外在报酬和内在报酬。外在报酬，是指包括工资、奖金、佣金和红利等一系列可以通过货币单位来衡量的直接货币报酬。内在报酬是指通过工作带来的成就感、满足感等间接非货币报酬。外在报酬和内在报酬也可以简单地理解为物质收入和精神收入，或者也可以更狭义地用奖金和奖状来类比。虽然来自精神层面的内在报酬对一个人的影响巨大，物质层面的外在报酬会更加直观和实际一些。领导者在考虑报酬体系设计时，外在报酬和内在报酬都应该考虑。

相较于显性的外在报酬，内在报酬是隐性的，它是企业带给员工内心的满足感和幸福感。在员工激励方面，很多领导者过于注重外部报酬而忽略内在报酬。人们都熟悉的"钱不是万能的，没有钱是万万不能的"这句俗语，虽然后半句强调了外在报酬的价值，但前半句也说明了外在报酬的局限。在有些情况下，被激发的内在动机会发挥更大的作用。人们都非常怀念创业时候的情景。那时，人们为了自己的梦想而工作，一份勉强能够支持生活的报酬就可以让大家开心。没有人计较收入的多寡，互相尊重、认可以及合作产生的巨大成就感使人们备受激励。总之，在外在报酬作为保障的基础上，匹配必要的内在报酬，才能使员工物质和精神双丰收。

从员工心理角度看，有一点是可以肯定的，那就是奖金和奖状都是不可或缺的。以下简单梳理一下内在报酬和外在报酬匹配的简要原则：

（1）人们必须在内在报酬和外在报酬之间寻找平衡。

（2）或许人们最初的工作动机是为了获取外在报酬，但一定时间后，人们会需要内在报酬。

（3）或许人们最初的工作动机是为了内在报酬，但一定时间后，人们会需要外在报酬。

（4）外在报酬提供了一种保障，内在报酬能够带给人们内心的愉悦。

（5）相比外在报酬，内在报酬会给予人们更长久和深刻的激励，看看员工办公桌上放的奖杯和橱窗里展示的奖牌就知道。

不管是外在报酬还是内在报酬，对于努力付出的追随者，领导者必须认真考虑给予回报。只要在力所能及的范围内，都会产生良好的效果。所谓"财散人聚，财聚人散"，领导者只有在报酬方面慷慨大方，才会给予下属实在的感受，也更能促使他们转化为追随者。

3. 事后：文化导引

经过一段时间后，领导者应该带领组织进行深度检讨：是否已经具备了追随力基础？企业对员工追随的影响可以提前到他们加入企业之前。企业品牌、形象、知名度、高层领导者的市场影响力等，都会影响个体对组织的选择。如果将初期的选择行为理解为一种最原始的追随。有一个好的开始当然是很重要的，但这还远远不够。为了使工作申请人在成为企业一员后对组织的追随力不断得到强化，企业首要的工作就是要自行检讨：是否已经具备了追随力的基础。

这些基础主要包括以下两个方面，如图4-3所示。

長期的追隨必然需要有与之相对应的成长，企业是否有明确的职业发展计划？

在职业发展过程中，员工能否有一定的自主权来重新确定目标？

提供员工学习成长的空间和可能

企业是否建立了相关的培训计划来支持员工的职业发展？

企业是否可以提供多种职业通路以满足员工的不同状态？

企业是否确立了发展愿景？

这个愿景的实现能为组织成员带来物质上和精神上的收益吗？

企业愿景

企业是否对愿景进行了大量的宣传和培训呢？

这个愿景是远大的、高尚的吗？

图 4-3 追随力的基础

这两个基础工作无非是向组织成员传递出企业对于未来对于员工的认真承诺，而且这种承诺是要有企业背书的，这就意味着从企业层面营造出追随的基础。很难想象，一个没有未来方向的企业，一个没有为未来方向认真规划的企业，怎么可能建设一支稳定的拥有高追随力的员工队伍。

不得不说，人们的追随状态经常受到他人的影响，很多人未必是在理性分析的前提下产生追随，而只是看到他人在热烈追随，于是在组织氛围的感染下也表现出同样的行为，这就是社会心理学中的从众现象。如果有一个人表现为模范的追随者，他的言谈举止清楚地传递出积极追随的原因，同时企业对这位模范追随者给予了不同寻常的待遇，这就对组织里的其他人有着良好的示范效应，更多的组织成员会在模范者的影响下，不自觉地表现出更强的追随力。不过，相反的情形也是存在的。当企业内部高追随力的员工没有得到合理地对待，表现出不稳定的状态时，他们会对组织内的其他员工产生强烈的负面影响。所以，我们经常会看到有些人的离职是因为他们发现别人离职了。

企业文化在追随的氛围营造方面发挥着非常重要的作用。企业文化的必要构成要素之一就是英雄人物。**从打造追随力的角度看，企业可以有意识地将模范追随者代表塑造成英雄人物，并通过企业文化的各种表现形式赋予他极高的礼遇和荣耀，就会有更多的组织成员表现出类似的追随。**在新中国第一代劳动模范的英雄谱里，有一个熠熠生辉的名字——孟泰，他是鞍钢工人的优秀代表，是二十世纪五六十年代与铁人王进喜齐名的我国产业工人英模的优秀代表，被誉为"老英雄孟泰"，曾多次受到党和国家领导人的接见。"艰苦奋斗、爱厂如家、为国分忧、无私奉献"，就是孟泰精神，也是鞍钢企业文化的重要组成部分，影响和激励了一代又一代鞍钢人。

本章小结

　　追随是对领导者个体的还是对组织的？伴随着时间流逝、在组织中的经历以及与领导者的互动，员工的追随力通常都是以领导者为导向的，员工的追随表现出对领导者（不一定是高层领导者）的个人追随，而未必是对组织的忠诚。比较明显的例子就是，有些员工会与其领导者一起集体跳槽。这种基于领导者个人魅力所产生的追随在组织中是非常正常的，但这里所讨论的是基于组织的追随力，即从组织角度来影响和建立组织成员的追随，员工不仅是对直接领导者的积极追随，更是通过领导者表现出对组织的积极追随。

　　大家经常忽略的一个基本事实是：领导是领导者与追随者之间的互动，而不是领导者单方面的行为。组织中出现的领导行为是由领导者行为和追随者行为共同组成的。意识到追随力的重要性，企业就需要像建设领导力系统一样去积极思考并采取切实的行动和计划来打造组织追随力。不单是思考角度的调整，而是借此让整个领导效能在一种更加平衡的状态下得以实现。

第 5 章

团队建构

从公司的董事会到基层班组，从公司的职能部门到跨部门成立的专项小组等，团队是最为普遍的组织形式，也最为直接地体现了领导力的有效性。建立一支高绩效团队要从招聘开始，高绩效团队不是一天能建成的，还需要领导者不断用心打磨，增强团队的归属感，带领团队随环境变化而进化。

高绩效团队是招聘来的

越来越多的经营者认同一个观点：高绩效团队是招聘出来的。在人员建设方面，领导者需要认真思考以下三个问题。

1. 组织重视和预先控制很重要

在人员建设方面，有一种十分现实的观点，也得到了很多企业的认可：相马不如赛马。有些企业认为，选拔人才要像"赛马"

一样，让员工在实际工作中通过竞争来展现才华，最终脱颖而出的才是人才。尽管这个观点与通俗的"是骡子是马拉出来遛遛"没什么太大区别，但还是对企业领导者在人员队伍建设方面的思想影响很大。在此观点影响下，很多公司高层不再参与招聘了，因为他们觉得招聘不重要。

无论是"相马"还是"赛马"，目的都是建设一支优秀的人才队伍。不同的是，"相马"把重点放在预先控制方面，而"赛马"强调的是过程和反馈控制。一个不太合适的类比可以让我们重新思考这两种侧重：为什么我们对原材料都要精心挑选，而对组织至关重要的另一个生产要素——人，却采取反馈控制呢？反馈控制是在问题出现以后才采取的方法，这种方法的主要特点是组织必须有能力承担过程风险及结果损失。因此在实际操作中，除非不知道具体的做法，否则企业一定会采取事先控制。

从团队建构的角度看，领导者应该重视招聘这个琐细但十分重要的工作。一个事实是，团队建构开始于应聘者，而不是等到他们已经成为组织的一员，因为组织的影响在他们还是应聘者时已经发生。退一步讲，即使应聘者没有被录取为团队成员，组织领导者在招聘过程中所展现的领导力，也有着营销的作用，也会在人力资源市场产生积极影响。

2. 直接参与的"知遇之恩"

组织中的团队建设之所以出现问题，主要是因为用人部门与招聘者是分离的。组织中的一般流程是，各个部门将人员需求情况报告给人力资源部门，然后由人力资源部门组织招聘甄选活动。虽然用人部门也会被邀请参与招聘活动，但参与的深度是远远不够的，且用人单位通常在人员的最终录用上不具有决定权。招聘成功后，人力资源部门将员工分配到各个用人部门。这中间存在很大的匹配风险。如果人力资源部门对用人部门的了解仅限于有关职位的基本信息，而不了解更加具体的团队氛围信息等，就会使新进人员无法与用人单位匹配。

进一步分析，人力资源部门招聘员工是以组织适应性为基础的。用人部门在人员选聘方面的意见和判断，更多的是以其工作适应性和团队适应性为基础。工作和团队适应性是组织适应性的基础。那些在甄选过程中表现出组织适应的人，如果不能把实际工作做好或融入其团队中，那种适应显然是虚假的。

所以，为了使得人员甄选能够尽快地产生效果，最有效的方式就是用人部门直接参与。另外，由于用人部门在人员测评时已经有了成功或失败的参照，他们更容易把握应聘者的状态。更为重要的是，领导者直接参与招聘工作会极大地提升领导者在团队成员面前的权威。当团队成员意识到自己能够加入是因为得到了作为用人部门领导者的认可，他就会心存感激，也就会更容易接受领导。这种心理可以解释为一种广义的"知遇之恩"。

一个典型的例子，曾国藩组建湘军的基本经验之一就是"直接选"。士兵由统兵将领亲选，于是，"口粮虽出自公款，而勇丁感营官挑选之恩，皆若受其私惠。平日既有恩谊相乎，临阵自能患难相顾"。这就使得湘军从基层单元建立起了以感恩为基础的人际关系，而这种状态是军队战斗力的保障。

3. 性格匹配

心理学告诉我们，一个人的性格形成取决于其早期的经历和所受的教育。对一个人早期经历影响最大的是家庭。另外，中小学教育对性格的形成也有很大的影响。从这个意义上说，一个人在进入组织工作前，其性格已经基本形成。尽管也会有一些成功的例子，但期望用组织价值观去影响员工性格的做法显然是不可取的。

性格没有好坏优劣。例如懒惰，这种人们普遍厌恶的性格却是制作提琴最需要的品质。因为懒，才可以与制作提琴的木头一起晒太阳；因为懒，才能让木材把油漆充分地吸收进去。实践表明，当员工个体性格与工作要求相匹配时，他就会有较高的业绩表现；而当员工个体性格与工作要求不匹配时，他的工作业绩不仅不能保障，工作甚至会成为他的负担。

有一位人力资源总监讲到公司发生的一个故事：有个特别爱较真的女孩，其个人素质非常好，就是特别较真，哪怕一个字有问题，她也会跟你计较半天。开始的时候，公司安排她做业务工作，由于她的性格，和客户沟通不是那么灵活，快把客户都得罪光了。后来转到品牌部，除了业务之外还要做服务工作，和同事的关系处理得也不好。最后公司把她安排到咨询部，负责管理公章、业务档案及信息化管理等。公司信息化管理需要从头做起，需要负责人特别认真仔细。她由此获得了一个非常合适的位置，从她开始管理之后，公司信息化工作进展很顺

利，没有出现过任何差错。可见，人只有放在对的地方，才叫
"人才"。

所以，<mark>组织在甄选过程中努力寻找性格特点与工作要求相匹配的人是非常重要的。</mark>曾国藩所练的湘军就旗帜鲜明地招募"乡野老实之人"，即来自穷乡僻壤、朴实的农夫：他们身体健壮，能吃苦，擅于作战；为人老实，守规矩，便于整肃成军。如果在甄选时组织能加大对工作申请人性格方面的检测，就可以降低未来的匹配成本。在此基础上，如果能更进一步了解其成长经历及成长过程中的重大事件并加以解读，会非常有助于了解工作申请人的心理状态。

在管理实践中，最重要的就是把"重视"落实到位，而不仅停留在口头上，这样一来，团队建构就会事半功倍。

团队融合

美国海豹突击队以团队作战能力闻名于世。因为必须承担特种作战任务，突击队通常都是以小分队的形式来组织行动的。由于人数不多，每一个小队都根据队员的具体特长进行了最为明确的分工，从具体工作上分为班长、机枪手、通信员、突击手、狙击手、军医及爆破手。他们都有各自相应的独立职责，如班长负责指挥管理整个小队，并协调队员间的关系。各个队员根据自己的具体工作也承担了相应职责，如通信员担负与总部及友军联系的任务，狙击手则负责狙击对方重要目标，军医则是各成员生命

的保障。由于具体分工的明确和严格，因此每一个成员都必须尽自己最大的努力做好本职工作，否则任何环节的差错都会导致小队的全军覆没。

有战斗力的团队必须是高度融合的。所谓"和而不同"，每个团队成员都必须首先履行好自己在团队内的职责，与此同时，还要与其他团队成员默契合作。融合是团队建设中的关键问题。为了解决这个问题，必须深入思考并做好两项工作：角色划分和分工协作。

1. 角色划分：最合理地配置人才

团队内的冲突大都是因为团队成员角色混乱造成的。如果团队彼此之间不够了解，团队成员在合作上不可避免地会出现问题。所以，如何帮助团队成员不断地适应和挑战新的角色，使他们尽快进入角色，避免工作中不必要的冲突，其实是一个相当重要的微观命题。下面从角色认知、角色学习和角色期待三个基本方面对这个问题做一个简要分析。

角色认知：基础是对角色的规范性认识，包括员工需要了解组织赋予该工作的职责、地位和权力。缺乏对自身角色的认识和把握，人们就不可能把工作做好。除了规范性认识外，另外一个值得注意的方面是，因为角色的行为总是以对应的另一角色的行为为基础的，所以一个人对自我行为和地位的认识，总是根据对他人的行为和地位的判断获得的。角色的认识在角色的相互关系中才能得到更加明确的界定。一个人在扮演某一个角色时，既要明确自己的身份和地位，也要明确对方的身份和地位。因此，为了尽快使员工进入角色，组织不仅要帮助员工清晰地认识自己的角色，还需要帮助员工了解与自己工作密切相关的其他角色的情况。

角色学习：员工须通过不断学习来掌握满足角色需求的能力并习得符合角色特征的行为。角色的学习主要包括两个方面：一方面是学习角色的能力和责任；另一方面是学习角色的态度与情感。通常组织会比较重视角色能力方面的学习，而有关角色态度的培养却没能引起足够的重视。例如，许多企业都会为那些准备承担更重要责任的领导者提供领导力方面的管理培训，但是对相应的态度和感情方面的培训力度显然不够。角色态度和情感的养成在更大程度上有赖于员工自身，这种自然的、没有得到及时调整的角色态度和情感往往会在变化的人际关系中遭遇挫折，而这无疑会延长他们进入角色的时间。

角色期待：角色期待就是他人对自己提出明确的希望，同时本人也必须领会他人对自己所寄予的期望。人们的业绩表现极大地受到他人期望的影响。心理学家罗森塔尔曾经把期待的效果称之为"皮克马利翁效应"。皮克马利翁是希腊神话中的一个雕刻师，曾用象牙精心塑造了一个美丽的姑娘，他对所塑造的人物倾注了自己全部的心血与感情，最后感动了上帝，使所雕刻的姑娘获得了生命。如果每一个组织管理者都能够像皮克马利翁那样对自己的下属寄予殷切的期望，提出合理的要求，下属就一定会朝着那些期望更加努力，行为也就更加具有方向性。现实的情况是，许多员工不知道组织对他的期望，他也不知道该调整自己的哪些行为以适应新的要求。

通用电气传奇总裁杰克·韦尔奇曾说："我深刻地体会到，比赛比的就是如何有效地配置最好的运动员。谁能够最合理地配置运动员，谁就会成功。这一点对于商业来说没有任何不同。"优秀团队领导的任务就是将工作分配给最合适的员工去做，让他们切实承担起应该承担的角色。

2. 分工协作：各司其职是团队力量的来源

在团队运作过程中，除了角色清晰，接下来的另一个基本问题就是分工协作。解决团队运行中的分工协作问题，需要借助人力资源管理中的一项专门技术：工作分析。工作分析是人力资源管理活动中的一个单元，它是用来提取有关工作全面信息的基础性活动，它具体描述了组织成员的工作职责以及相应的任职资格。工作分析的结果是工作说明书，就是人们常说的 JD（Job Description），见表 5-1。

千万不要小看这张工作说明书，它是整个团队甚至整个组织运转的基础，因为它解决了组织中一个最基本的问题：岗位职责。一个企业工作说明书的制定过程是复杂、严谨和动态的。在一个团队内进行工作分析，要比规范的人力资源管理中的工作分析简单一些，主要包括以下几部分内容：

（1）由于涉及工作职责的界定等重大问题，工作分析必须得到来自领导者的大力支持，领导者必须亲自参加团队职责的确定过程，并且批准对于团队成员职责的认定。

表 5-1　工作说明书

职务名称：<u>市场部部长</u>
文件编号：_____
拟　　制：_____
核　　准：_____
生效日期：_____

一、基本资料

1. 职务名称 <u>市场部部长</u>　2. 直接上级职位 <u>总经理</u>　3. 所属部门 <u>市场部</u>
4. 辖员人数 <u>20~25</u>　　　5. 定员人数 <u>1</u>

二、工作概要

1. 工作摘要

制订公司市场发展计划、管理销售渠道、协调售后服务，同时负有管理、指导和培训本部门职工的责任。

2. 具体说明

编号	工作任务的内容	权限	考核基准	工作规范号
1	督导制订公司市场发展计划	全权	公司销售增长率、市场占有率	
2	督导销售渠道管理	全权	供货运输计划完成度	
3	协调售后服务	全权	客户满意度	
4	为研发提供市场信息	全权	公司新产品开发的成功率	
5	对本部门员工进行指导、考核	全权	部门的整体绩效	

三、任职资格

学历要求		所需技能培训	
所需最低学历	专业	培训科目	培训期限
大学本科	企业管理专业	市场营销技巧	1 年
	化工专业	法律及财会知识、对外贸易知识	
	营销专业	管理技巧	
		相关产品知识	
年龄与性别特征		工作经验要求	
适应年龄	大于 30 岁	从事销售工作三年以上	
适应性别	均可	车间生产实习半年以上	

四、职位关系

可直接晋升的职位 ➡ <u>副总经理</u>
可相互轮换的职位 ➡ <u>销售部经理，人力资源管理部经理，文宣部经理</u>
直接汇报的职位 ➡ <u>总经理</u>

（2）全面搜集相关工作数据。对于重大任务，团队需要事先搜集与任务相关的各种数据，它们将成为未来职责界定的依据。数据搜集既可以通过阅读过往资料获取，也可以直接和相关人员面谈获取。

（3）分析和讨论数据。工作职责的界定必须通过团队会议的最终商讨来确定。在分析的过程中，经常会出现有些团队成员因为惯性认识，对新的工作职责不能理解和接受的情况，这就需要领导者来最终判定。

（4）定期更新工作职责。随着企业内外环境的变化，每个人在团队中的分工也经常发生变化，定期地梳理和再次明确各自的职责是非常必要的。

通过工作分析，团队领导者就可以将每个团队成员的岗位职责明确下来，这就为各司其职奠定了基础。在工作分析的过程中，团队成员通过讨论交流，对彼此的职责也有了初步的认识，这就建立了未来协作的基础。**工作分析将更加理性地推动团队的运行，明确的分工，相互的协作，也能够进一步强化彼此之间的心理契约。**

如果团队分工不明确，团队成员之间就不可避免地会出现互相扯皮、推诿甚至是指责的情况；如果团队成员之间没有彼此协作或者帮倒忙，不仅会影响到工作的正常进行，也会伤害团队心理。究其实质，分工是对自己职责有清晰准确的认识；协作是对他人职责有必要的了解。这样，团队成员就可以不仅出色地完成自己的工作，而且也知道该怎样与其他团队成员有效地协作。

团队的力量来自成员的协作与配合，成员之间存在着很强的技能互补和优势互补，进行团队建设并不一定要求入选团队的所有成员都是精英。事实上，一个全是精英的团队往往都不是一流的，精英的强烈个性和对实现团队目标的轻视很可能会使团队一盘散沙。相比单个成员的卓越才能，团队成员间默契的配合更为重要，因为只有当他们成为一个完整的团队时，他们才可以完成自己的任务。

团队主人翁是怎样炼成的

一个美好的团队常常被定义为"家"，这就是人们常常讲的所谓"有温度的团队"。在这样的团队中，团队成员不仅表现出对团队的忠诚，更表现出对于团队的"主人翁精神"。在环境越发不确定时，今天的企业比以往更需要一支忠诚、可信赖的员工队伍。然而职场发生了很大变化，已经开始进入工作场所的"千禧一代"，他们的价值观和需求与之前的员工有了很大的变化。爱岗敬业似乎已经成为一个古董词语，取而代之的是日益普遍的隐性缺勤、"做一天和尚撞一天钟"的敷衍以及"大不了拍屁股走人"的"打工心态"。在这样的情形下，企业即使建立起先进的商业模式、合理的组织架构、强大的数据系统，恐怕也很难应对未来更加复杂多变的经营环境。这不是什么新问题，却是一个值得警惕的危险信号。那么，在讲求契约精神的今天，企业应该如何更深层次唤起员工对组织的归属和投入呢？

著名学者乔恩·皮尔斯（Jon L. Pierce）将员工对于组织的主

人翁感定义为"心理所有权"。一般认为，心理所有权是一种思想状态，是个人感觉目标（物质的或非物质的）或者目标的一部分，是"我的"的一种状态。在现实生活中有很多与"所有感"相关的事情，比如小孩子对自己的玩具有着强烈的感情依赖；有些小朋友借别的小朋友的玩具，玩了一段时间要归还时，就又哭又闹，仿佛它已经是自己的了。那么，什么因素在影响着心理所有权的产生？心理所有权产生受三个因素更为直接的影响：对目标物的控制权、知情权和收益权。

具体来说，控制权是指个体能够对目标物进行控制和决策。人们会把自己能够加以控制的物体看作自我的一部分，而对自己控制之外的物体不会产生所有的感觉；知情权是指个体对目标物的联系和了解。人们对某种东西的信息获得越多，对其了解越深，则自我和物体之间的关系也越深，"所有感"也会越强烈；收益权是指个人对目标物进行投入（包括精力、时间、努力和注意力等）后所能拥有的收益和分配的权力，因为拥有而产生的独有的收益权会建立起强烈的所有权情感。影响心理所有权的关键因素如图 5-1 所示。

图 5-1　影响心理所有权的关键因素

沿着影响心理所有权的路径，可以试着寻找具体的方法，来强化团队成员的归属感。

1. 控制权：授权 & 领地定制

既然心理所有权与员工对于组织的控制感有直接的关联，那么为了赢得员工对组织的"主人翁精神"，就要给予员工相应的"主人般"的权力。授权，在现实的组织中并不是一件容易的事。

1998 年，美的集团何享健推出了《分权手册》，以书面形式明确规定了集团、事业部、子公司以及各职能部门在管理中的权力和承担的责任。这是作为家族企业美的的一次大胆尝试。可以说，20 多年来，美的集团之所以能够稳步发展，并且在其专业领域得以长足进步，非常关键的就是妥善地解决了集权和分权这个令许多领导者特别头疼的问题。

为了保证顾客正当、合理的要求得到及时的满足，质量事故得到快速解决，消除顾客的抱怨，海底捞公司对一线员工、店长、区域总管等授予了相应的权力，有些授权在同行看来简直是不可思议的，例如一线员工可以享有打折、换菜甚至免单权等，这样做不仅没有产生成本增加和管理失控的情况，反而让员工与组织更加紧密地结合在一起。

企业还可以赋予员工实际打造个性化工作区域的权力。将企业想象成一部智能手机般的平台，企业在工作环境方面提供基本的办公条件，然后允许员工在自己的工作区域内，定制化出具有个人特色的小空间，让员工在自己的工作空间拥有更多的"自主裁量"权。办公室、工位，哪怕是一个操作台，在被允许的范围内，做一些自我设计和安排，让这个空间变得舒适、温馨，它就成为实实在在的自我领地。例如，现在很多互联网企业允许员工在工位放置自己喜欢的植物、置办午睡椅和小电器，甚至允许员工把自己的宠物带到工位。这样一来，加班给人的感觉不是被迫延长工作时间，而是在舒适的家里多待一会儿。

2. 知情权：对企业的了解 & 对工作的了解

如果把员工视为共同创造价值的伙伴，而不是一颗随时可以被替换的螺丝钉，企业就必须让员工了解企业运作的内外状况。除非机密的企业信息，完全可以尽可能多地让员工了解企业运行的整体状况。具体来说，可以通过培训、经营简报、企业文化活动等，向员工介绍市场情况，让他们了解公司产品所处的地位、占据的市场份额及竞争对手的情况等，也可以通过公司规范的文件，让员工充分了解组织的各项规章制度、价值观和企业文化。例如，《华为基本法》让员工了解公司价值观和行为方式，《特斯拉员工手册》为员工的创新和沟通指明了方向。通过加深员工对组织的了解，可以让每一个员工真切地感受到自己和企业在"同一条船上"，自己的每一点努力对企业发展都是有意义的。

除了对企业整体情况的了解，员工毕竟是通过具体工作来完成在企业内的职责，他必须十分清楚自己的工作。前面所讨论的工作说明书是帮助员工了解本职工作的基础文件。需要特别说明的是，工作说明书不是一成不变的。企业的种种变革最后都将体现到工作职责的调整方面，这就意味着，不是仅仅提供一份工作说明书这么简单，企业相关部门还需要对变化的工作说明书进行事先沟通，让工作承担人能够切实了解其工作范畴可能发生的变化，以及在新的变化下，员工个体角色的调整等。这样员工就不仅能了解工作的现状，而且也能了解工作未来的变化，从而为此做好充分的准备，这将有助于他把工作内化成"我的"，就好像作为一个父母需要不断调整自己的职责来面对一天天长大的孩子。

3. 收益权：物质 & 精神 & 成长

以金钱形式体现的物质报酬与员工的实际工作状态就是最为密切的关联。通过工作得到合理的收益，会直接影响员工的"主人翁"心理感受。切实做到多劳多得，将人们的实际收入与他们的贡献直接挂钩是使人们热爱工作的最有效方式。至于精神报酬，则需要领导者对员工的引导，因为员工未必能够意识到工作的意义和价值。例如，人们常常说的三个砌砖工人的回答，有人问三个砌砖工人在做什么，第一个工人说"在砌砖"，第二个工人说"在赚钱"，第三个工人说"在建设一个新城市"。或许你会认为前两个回答更坦诚和实在，但是人们内心总有一种对自己所从事工作升华的认识。通过领导者积极的正向引导，员工能够更全面地认识工作给他们带来的意义。当然，人们也经常会把组织所倡导的精神报酬视作"画饼""忽悠"，的确，它不是金钱，不能带来即时满足，但它的确是一种存在。管理者只是把这种存在挖掘出来，让人们意识到通过在一个组织中的工作还可以得到对他们的人生更为重要的"精神收入"。

除了物质和精神报酬，还有一个非常重要的收益，那就是伴随着岁月的流逝，人们都希望自己能够实现成长。在组织中，就是能够在不断扩大的平台上实现个人的成长，而不应该只是被透支的资源。**组织与员工本该是利益共同体。放弃与员工的共同成长，组织就不可能让员工对组织萌发归属感和热爱。**如果真的能够落实所谓的长期主义，那么在战略层面组织就需要站在更广阔的视野进行规划，而在员工管理层面就需要认真地思考如何与员工共同成长。

可见，心理所有权为新主人翁建设提供了更为开阔的思路。深刻理解影响心理所有权建设的三个基本因素，并采取相应的方法来具体落实，会让员工有主人翁精神。

近年来，围绕着组织管理和人力资源管理，各种理念、方法不断翻新，但是从底层逻辑来看，似乎没有什么变化：对于领导者来说，都希望自己的员工在对待工作、对待组织时，能够"把它当作自己的事一样来看待"。负责任的态度、敬业的精神从来都是稀缺资源。主人翁精神并不是一个过时的话题，相反，在高离职率、低组织承诺的今天，主人翁精神的回归所产生的意义和价值是不可估量的。

团队进化

一个高绩效团队不仅能够顺利完成任务，更能够根据变化不断发展，实现团队的不断进化。这就意味着团队内部要建立起积极的关系，这是团队进化的基础。同时，卓越团队的建立都是基于持续改进的精神，尽管一开始不是优秀的，但是不能停止对于优秀的持续追求。

1. 学会欣赏

作为全球知名的科技公司,谷歌以其创新文化、高效团队和卓越的工作环境而闻名。在谷歌,同事之间的关系建立在相互尊重、欣赏和开放沟通的基础上。在谷歌,每个员工都有机会展示自己的才华和贡献,通过定期的反馈会议、表彰活动和内部社交平台,同事之间可以分享成功案例、个人成长和团队成就。

同时,谷歌非常注重团队之间的沟通与合作。公司采用了Gmail、Hangouts、Calendar等多种沟通工具和平台,其目的就是方便员工随时随地进行交流和协作。此外,谷歌还鼓励跨部门合作和知识共享,组建跨职能团队、举办技术讲座和分享会,促进不同领域之间的交流和合作。

在工作之外,谷歌也采取多种措施,发展团队员工之间的亲密友好关系,如鼓励员工参与各种社交活动和兴趣小组,如足球队、瑜伽班、读书会等,增强员工之间的友谊和团队凝聚力。这种和谐融洽的氛围,更有利于员工欣赏、认可彼此,营造积极的工作氛围,激发员工的创造力和工作热情,促进团队的长期稳定发展。

今天,"学会欣赏"已经不是新名词了,但是能够真正将它付诸实施仍然是一件非常困难的事情。随着人们年龄以及经验的增长,人们开始越来越相信自己。所有新的事物、信息、知识等都要经过自己已经具有的经验的过滤。组织也是这样,许多有着悠久历史的组织无法从容面对新环境以及新的商业模式。事实反复证明,那些漠视环境变化的组织很快就成为失败企业名单中的一员。消极的态度封闭了对外学习的渠道,消极的态度阻碍了成长,而消极态度的持续就使组织停留在原地，不能进步。

学会欣赏就要保持对环境改变的积极心态。不要一味地抱怨和挑剔，要多看到环境中积极的方面。毕竟组织的进步要依靠积极行动，而不是单纯地批评。学会欣赏就要保持开放的心态。开放的本质是随时准备调整自己基于曾经经历的已有假设。如果环境已经发生改变，而那些假设还没有变化，按照过往的想法去思考现在的事情，就只会用无根据的批评来替代欣赏。

试想，当一个团队内部洋溢着彼此欣赏的氛围，团队学习就是一件再正常不过的事情了。只有在积极和开放的心态下，团队才会有进化的可能和基础。

2. 持续改进

如果一个团队希望"从优秀到卓越"，请回到最基本的问题：还有什么地方可以改进？持续改进的思想植根于员工的智慧。100多年前，泰勒就清楚地认识到，企业最宝贵的知识资源绝大多数在企业全体员工中。持续改进的思想就是要发挥出每个员工的智慧，将他们在工作过程中的感悟随时发展成组织的智慧，并通过持续改进将这些闪现的智慧变成组织的一种新的行为习惯。真正有效的持续改进就是在组织学习政策的引导下，由基层员工开始的。处在一线的员工知道市场发生了什么，客户需要什么；他们知道生产工艺和质量改进的方向；他们执行着组织的各项管理制度，他们清楚地知道哪些是有效的。但是非常可惜的是，许多组织都忽略了对一线员工的心得进行梳理，这是组织最大的浪费。

正如个人可以通过反省使自己成熟一样，团体也可以通过共享知识和经验来获得持续改进，这就更需要在团队内部建立起相互欣赏的积极氛围。全面质量管理中的"品管圈"就是典型的例子。品管圈是由同一个工作场所、工作性质类似的人们自发结成的数人一组的小团体，通过全体合作、活用质量管理的方法来解决工作场所发生的问题。品管圈尊重人性，鼓励员工多动脑，多多提出改善意见，营造愉快的工作环境。员工们自动自发地发现问题，并设法解决问题，不仅能丰富组织知识，也从内部夯实了企业竞争力。

需要特别说明的是，持续改进必须是即时的。学习活动通常会发生在工作不理想的地方。那些工作表现不是很好的员工，在任务刚刚结束的时候，他们有着最强烈的修正欲望。如果过了一段时间再去总结，人们会忘记曾经发生的事情或者已经寻找到一大堆借口，这样恐怕就会影响改进的效果。

另外，持续改进本身也是组织变革的一种形式，只是没有那么剧烈罢了。持续改进强调的是学习，从个人学习到组织学习。这些点滴的学习，虽然不会给组织带来革命性的变化，但是工作在丰富着，程序在优化着，客户也就越来越满意。持续改进会使组织更加沉着地应对种种变化。

组织在发展，团队也要随之进化。领导者在团队中营造出相互欣赏的氛围，着力推动团队学习，团队才能在变化的环境中做好持续改进。卓越是持续的过程。只有不断学习，才能让团队摆脱平庸，成就卓越。

　　对于领导来说，团队建构是一个关键问题，因为团队是执行任务的具体单元。建构一个团队，招聘是最为重要的，所谓 garbage in, garbage out[①]，入口没有把好关，后面带起团队来就非常辛苦。团队成员之间必须积极磨合，建立起积极的团队氛围，并强化团队成员的归属感。没有哪个团队一上来就是优秀的，鼓励相互学习，不断追求进步，这样的团队就有了强大的生命力，也更能够迎接不断变化的环境带来的各种挑战。

---

① Garbage In, Garbage Out，简称 GIGO 原则，来自计算机科学与信息通信技术领域，指如果将错误的、无意义的垃圾数据输入计算机系统，计算机也一定会输出错误、无意义的垃圾结果。GIGO 原则也适用于社交环节，所以要选择适当的朋友、家人进行有价值的情感或智力交流，这样才会避免时间浪费，获得更舒适和有意义的交流体验。

第6章

有效影响

很多人认同这样的观点：领导力就是影响力。领导者是用自己的影响力使得被领导者愿意追随，而不是用单纯的行政权力来约束被领导者。最直接的影响力就是领导者以身作则，他所树立的标杆正是被领导者学习的榜样。另外，在互动过程中，领导者要知道随着环境的变化，领导者的权力优先顺序正在发生着变化。领导者立足于被领导者的状况调整领导方式，才能够有的放矢地保证领导的有效性。

被领导者是可以被影响的

被领导者是可以被影响的，换句话说，你的主观判断可能正是按照他人的期望发生的。以日常生活的感受为例，你的面前放着三个水桶，其中左边的水桶里装着热水，右边的水桶里装着冷水，中间的水桶里是常温的水。你将左右手分别放进左、右的水桶里，两分钟后，再将左右手一起放进中间的水桶中，然后左手感觉有些凉，右手感觉很温暖。中间水桶的温度是恒定的，只是左右手的感觉不同。

社会心理学通过大量实验总结出一些人际影响的基本方法，这些方法可以应用到组织的领导情景中。领导者在影响被领导者时，可根据情况选择互惠、承诺、从众及服从等方式使对方产生预期的行为。

1. 互惠

心理学家阿伦森1956年做过一项研究，他选择了一批女大学生参加实验，随机让一名女生"无意中"听到另一名女生对自己的评价。评价以四种方式进行：一直说她的缺点，一直说她的优点，先说缺点再说优点，先说优点再说缺点。那么，哪种方式最受欢迎呢？实验结果表明：大部分人都更喜欢对自己持积极评价的人，特别是最初批评自己而后来转为好评的人。当别人喜欢自己时，自己也会回报以喜欢的情感，这就是一种投桃报李的互惠关系。

互惠是人类人际关系的基础，是人们的一种基本心态，对于他人给予的收益，我们自然要通过回报来进行心理平衡。社会交换理论认为：人们只有在觉得社会关系很公平的时候才能得到最大的满足，不希望被人利用，也不希望占别人的便宜。"无功不受禄"表达的就是人们不希望带着一种亏欠的心态进行人际交往。

在互惠心理作用下，人们对回报的即时性和等值性是比较在意的。通常来说，人们会以最短的时间、类似的行为对之前所获得的收益给予回报。比较典型的是传统文化中的"回礼"。在接受了对方的礼物后，回礼的时间不能太晚，否则就是不礼貌了，通常来说，一个月内就需要把准备好的礼物送给对方。回赠的礼物不能是同样的物品，礼物的选择既要考虑对方的兴趣，也要价值相当，例如你送我一盒茶叶，我送你两瓶酒等。

虽然互惠机制中的好处是类似或等值的，但有时候也会出现不对等的回报，就是一方只用较少的投入就能得到对方更大的投入，"士为知己者死""滴水之恩，涌泉相报"表达的就是这种状态。这种不对等机制已被广泛应用于商业领域。在商场里，销售人员给顾客一些"试用"物品，不少人就在"不能占人家小便宜"的心理驱动下购买原本不打算买的物品。现在这样的商业策略已经司空见惯了。

领导者可以运用互惠的心理机制影响下属产生预期的行为。通过善待、友好的行为等方式，领导者可以给予被领导者关心；作为互惠的回报，被领导者会通过更加投入的工作来帮助领导者。例如，有的互联网公司也在帮助员工解决孩子上幼儿园的问题，有些公司甚至就在楼下建起了幼儿园，这样一来，家长们加起班来也就没什么后顾之忧了。

在领导系统中，互惠的行为当然首先是由领导者启动的。**领导者的友善将会激发被领导者的积极行为，让整个团队处在一种人际友好的状态下**。值得注意的是：作为领导者也需要注意被领导者启动的互惠机制，也就是被领导者试图影响领导者。如果被领导者中的某些人为了自己的私利开始向领导者示好，领导者如果给予不正常的回报，那么这将会引发被领导者中的不公平情况，对整个团队的氛围是不利的。

2. 承诺

人们会去努力完成他们答应的事，这就是承诺机制。一旦有了承诺，即使不用书面契约，哪怕只是口头上的承诺，人们的行为也会发生变化。社会心理学中有一个著名的莫拉蒂海滩实验，它充分说明了承诺对人们行为的影响。

实验人员假扮成游客，在海滩上大声地听着收音机（这是为了引起旁人的关注）。过了一会儿，他就把收音机留在海滩上，径自下海去游泳了。这时另一个实验人员假扮的小偷走过来把他的收音机拿走，而且他的行为会让旁人意识到他就是个小偷。这个实验反复做了多次，让实验人员惊讶的是：每次都没有人去干预，顶多是有人会嘟囔一句："这个收音机好像不是他的，怎么给拿走了呢？"研究者对实验做了调整，这一次让收音机的主人在下海游泳前，对周围的游客说一句"帮忙看一下收音机"之类的话，其实也没有专门说给谁，大家也都是通过眼神或者点点头表示收到了信息。这一次就很不同了，当"小偷"再来行窃时，大家几乎都会出来阻止，甚至有些人追赶小偷。

这个有趣的实验告诉我们：人们会努力追求行为与承诺的一致。既然答应了，就应该要做到。说到做到是人的基本心态。有人专门做过研究，对比发现，隆重举办婚礼的比仪式低调的结婚者的离婚率要低很多。在婚礼的现场，在主持人的引导下，在亲戚朋友的祝福下，新郎新娘当众承诺对彼此对家庭的责任，这增强了婚姻的稳定性。另外，每次重大的体育赛事，例如奥林匹克运动会等，我们都会看到裁判员和运动员公开宣誓，虽然也会有个别不诚实的行为，但是整个赛事还是更加公平公正了。

在领导系统中，领导者可以通过承诺机制让被领导者更多地投入工作中，增强他们对工作的责任感，实现从"要我做"到"我要做"的转变。20世纪40年代，心理学家勒温的一位同事法兰奇和一家服装工厂的人事经理做了一项研究，讨论如何解决工人因工作内容改变而产生抵触情绪的问题。工厂中，很多员工由于不满意工作管理制度的更改开始罢工，导致工厂的产量大幅度减少，更有一些员工对其他同事进行语言攻击。

法兰奇决定采用三种方法来推行新的制度。他们告诉第一组员工他们的工作有哪些地方需要改进，并让他们明白管理层想看到怎样的结果，但是并没有让员工参与决策的过程；从第二组员工中选出了几位代表与管理者会面参与决策讨论，讨论制度更改将要面临的问题；让第三组员工全员参与决策讨论，在讨论中他们积极给管理者提出建议，并且帮忙制订有效的管理计划，明确各自在计划中扮演的角色。

实验结果发现：三种方法的效果截然不同。没有参与决策讨论的组产量减少得更快了，下降了20%，9%的员工辞了职，并且员工表现出对管理者和同事更多的敌意和攻击行为；第二组用了两个星期恢复到了制度改变前的正常生产水平，员工非常合作，没有人辞职；第三组员工仅用了两天时间就恢复到了更改前的产量水平，且产量持续上升，比以前的平均水平高14%。

强化被领导者承诺的关键是：双方共同讨论并制定被领导者的工作任务，不是下属自己制定目标，更不是领导者将工作目标分配给下属。目标管理的关键就是目标的制定是基于领导者与被领导者的讨论，而不是简单的布置，这样就让双方都对目标产生了承诺。目标确定后，最好是通过会议等场合将个体目标公布出去，这相当于一种"公开承诺"。有些公司会把个人、团队或者部门的目标贴在墙上，这既是一种鞭策也是一种约束。有些公司会让员工在上班前喊口号、唱司歌等，这些也都是试图通过承诺的方式来增加员工的投入。当然，在员工承诺的时候，领导者也要承诺。领导者践行自己的承诺就可以更进一步促成被领导者的承诺。

3. 从众

所谓从众就是在社会团体的压力下，个人放弃自己的意见而采取与大多数人一致的行为，即平时讲的"随大流"。在社会生活中，从众行为非常普遍。例如，假期到来前大家商量去哪里玩，多数人都想去爬山，少数同学想去游湖，个别同学还想去沙漠徒步，最后大家都同意去爬山。在日常生活中，所谓的"人云亦云""随大流"的从众行为非常普遍。

人们为什么要从众呢？一类原因是人们在不了解信息（情况）的时候，别人的行为就自然成为学习的榜样。例如股票市场，人们都知道"炒股有风险、入市需谨慎"，但许多投资者还是被诸多"一夜暴富"的神话吸引，不惜把房、车抵押用来买股票，尽管许多人缺乏最基本的金融证券投资知识。另一类原因是源于个体的心理压力，由于群体规范的存在，个体想被群体接纳或从群体中获得重要信息。同时，为了免受团体其他成员的非议与排斥，乃至孤立，个体往往也会做出从众行为，从而赢得同伴的喜欢。

领导者可以合理利用从众心理，说服他人积极合作，达成所

期望的目标。在施加影响的过程中，领导者可以先说服部分个体，利用这部分个体的合作行为带动更多其他个体。大多数情况下，在群体压力下，个体在权衡保持独立与追随群体的利弊后会表现出相同的合作倾向，领导者的影响也因此实现。最经常采用的方法就是通过树立典型、模范、明星等方式，给更多被领导者一个可以效仿的对象。当然，领导者在团队中确立模范时，要特别注意模范的业务能力是否过硬、是否被其他人认可，以免适得其反。

4. 服从

服从是指个体在社会要求、群体规范或他人意志的压力下，被迫产生的符合规范或他人要求的行为。服从行为是因为受到来自外界的影响而被迫发生的。外来的影响有两种主要情况：一种是社会规范、传统、法规等，另一种是权威人物。

美国心理学家奥尔波特曾做过一个关于服从的调查研究。在一个十字路口，他观察并记录了2114次汽车驾驶情况，结果如下：见红灯立即停车的有1594人，约占总体的75.5%；见红灯减速的有462人，约占总体的22%；见红灯稍缓停车的有47人，约占总体的2%；见红灯仍旧冲过去的有11人，约占总体的0.5%。绝大部分汽车驾驶者还是服从交通规则的，不服从的是极少数。一旦社会规则建立，在人们的意识中就有了服从的要求。

人们在生活中还会形成对个别权威的服从，这种服从往往也是无条件的服从。对权威的服从有两种情况：一种是钦佩权威而服从，另一种是害怕权威而服从。一般来说，人们的服从行为虽然可能与其本人内心有一定的距离，但不大会引起内心很大的矛盾与冲突。但有时来自权威的要求会与一个人的内心发生矛盾。例如，权威要求下属从事一件明显违背道德的事，个人为了自身的安全不得不服从权威的命令，精神上会感到惶恐不安。

当然，当社会规范或权威的要求虽然合理，但不符合个人的需要时，个体也会表现为不服从。不同情况下，不服从表现的形式也不太一样，主要有以下几种形式：抗拒，这是最直接的不服从行为，个体对于来自外部的要求表现在行动上便是拒不执行，并且提出口头或书面的抗议，主观上情绪偏激，怀有对立情绪；消极抵制，团体中有些成员对于团体规定不愿意执行，又不敢明目张胆地表示不同意，只好阳奉阴违地表面上顺着干，暗地里采取消极抵抗的办法。领导者在的时候，人们会表现出遵守团队规范、认真努力的样子；而当领导离开后，他们就表现出另外一种状态。这不是真正的服从，而只是权宜之计，在无人督促的情况下就会采取自由主义的态度。

在领导系统内，领导者还是要通过自身权威的不断提升，让被领导者产生心悦诚服的服从。此外，领导者还必须通过制度建设让组织成员知道服从的好处以及不服从的坏处，这也可以从利益角度强化他们的服从意愿。虽然有研究表明：头衔、身份标志甚至衣着都会影响人们对于权威的认识，但在一个组织情景中，领导者的权威与他的内在修养、学识、能力更加密切相关。简而言之，权威来自不断的学习。作为领导者，也要爱惜自己的权威，出尔反尔、朝令夕改对于领导者的权威有很大伤害。一个会影响很多人的决策必须是一个深思熟虑的决定，是一个严肃的决定，是需要通过广泛搜集信息并基于科学分析做出的决定。

互惠、承诺、从众、服从等方式是领导者影响被领导者的基本方法。此外，社会心理学中的利他、侵犯、喜好、暗示等也是可以影响他人的方法。总之，影响是对他人心理和行为的干预，领导者要结合领导情景和被领导者状态探索更有效率的影响方法。

领导者自身就是影响力

中央电视台曾经播过一个公益广告：一个中年女性在给她的母亲洗脚，两人有说有笑，这时候，她的儿子端了一盆洗脚水，歪歪扭扭地走过来，并说道："妈妈，我也给您洗脚吧。"这个公益广告感动了很多人，它的潜台词也很简单，如果你希望你的儿子给你洗脚的话，你要先给你母亲洗脚。这就要说到人们常常说起的"以身作则"。

根据社会学习理论，人们会通过观察示范者的行为而学习，这就是所谓的间接经验。无论是有意识的刻意模仿还是无意识的潜移默化，人们常常会受到亲近的人的行为影响。简单来说，就是"有样学样"。领导者本来就处在组织或团队中的显著位置，更容易成为员工们模仿的对象。

《史记》里面有一段描述大禹治水的情形："禹乃遂与益、后稷奉帝命，命诸侯百姓兴人徒以傅土，行山表木，定高山大川。禹伤先人父鲧功之不成受诛，乃劳身焦思，居外十三年，过家门不敢入。"司马迁突出了一个"敢"字，就极其生动地把大禹以身作则的状态传神地描述出来。试想，谁家里没有点儿事呢？如果都因为家事请假，那大禹怎么可能治好水呢？大禹用自己的行为给大家伙儿打了个"样"儿。

领导者以身作则首先表现为要认真履行组织内的职责，这也是最基础的，领导者在履行岗位职责过程中所表现出的行为和态度将成为员工的"标杆"。其次，领导者要遵守组织规则，尤其是自身订立的规则，领导者要成为这些规则的模范践行者。千万不能出现这样的情况：规则是给别人订的，自己却完全游离于规则之外，这是对规则最大的伤害；最后，在特殊情形下，当规则也在变化时，领导者的表现就更为重要，这时候领导者甚至就是规则。《三国演义》里面也有一段经典的"割发代首"的故事。"丞相践麦，本当斩首号令，今割发以代。"三军将士无不钦服。

简单来说，以身作则就是指领导者的行为与其要求的符合性。一个领导者必须言行一致，严于律己；在实际工作中，对团队成员能够一视同仁，关心他们的成长及未来的发展。团队领导平等、真诚地对待所有的团队成员才能取得他们的信任。要求团队成员做到的，团队领导者首先要做到。团队领导不仅是要带领队伍实现目标，还要根据社会的要求与行为规范培养团队成员的良好品德与行为。因此，团队领导本人应首先是社会的模范公民，用自己的人格力量影响团队成员。

以身作则也就是《论语》所特别强调的领导者的"正"，因为只有先"正己"，然后才能"正人"。其中比较典型的段落如下：

"季康子问政于孔子。孔子对曰：'政者正也，子帅以正，孰敢不正？'"（《论语·颜渊》）"子曰：'其身正，不令而行；其身不正，虽令不从。'"（《论语·子路》）"子曰：'苟正其身矣，于从政乎何有？不能正其身，如正人何？'"（《论语·子路》）看着这些话，想想按照儒家的标准，领导者还必须是"正人君子"。

以身作则是一种无声的力量，也是将制度生动化的最佳方式。《孙子兵法》所谓"将者，智、信、仁、勇、严也"也特别强调了严以律己的重要性。试想：组织领导者如果不能带头遵守自己制定的规章制度，又怎能期望下属照章办事呢？影响力并不神秘，它就存在于领导者日常的一言一行中。

基于被领导者的领导生命周期理论

领导生命周期理论由科曼在 1966 年提出，其后由赫西和布兰查德加以发展。这一领导理论的主要观点是：领导者的风格应适应其下属的"成熟"程度，在被领导者渐趋成熟时，领导者的领导方式要进行相应的调整，这样才能取得有效的领导。30 年后，赫西和布兰查德再度合作，重新修订其领导生命周期理论。他们认为：较之于以前，追随者发生了很大的变化，这就要求每一位领导者在新的环境中，重新审视自己的行为和思想。为了获得成功，领导者在任何时候都必须非常了解追随者的动态。

领导生命周期理论是领导情景理论中的代表。领导者与下属的互动方式要视被领导者的状态而定，研究者所描述的"成熟"可以简单用两个指标来衡量：一个是下属对于工作的投入状态，包括对领导所安排的工作的热情、投入度等；另一个是下属的工作能力，下属对于完成特定任务所具备的能力。"意愿"和"能力"在领导生命周期理论里都有明确的指向，这也就使该理论有了更具体的应用场景。如此，领导者就可以更加有效地观察下属的状态，然后依次进行领导方式的切换。下面就以一个刚加入组织的新人为例，来看看领导生命周期的过程。

1. 指令型

对于一个刚刚加入组织的新人来说，他们的工作态度毫无疑问是积极的，他们对组织充满了好奇，对工作也非常投入，这时的员工一般不会出现迟到早退，甚至加班也会积极接受。对于职场新人来说，他们也许具备了相当不错的基础能力，然而对于组织、对于特定工作来说确实是职场小白。这时候，放手让他们去工作，常常会出现好心办错事的情况。因此，这时的领导者是不应该彻底放手，最合适的领导方式就是给予他们大量的指导，这就是指令型的领导方法。领导者要不厌其烦地告诉员工他具体应该怎么工作、工作的基本流程，与组织内部人员打交道的方法及工作中的种种细节都应该明确地告诉这个处在生命周期初级阶段的组织成员。领导者不用担心是不是过度操心，被领导者是不是能够接受等。此时，员工希望得到来自领导者的清晰指令，这让他们在一个陌生的组织中在面对一项全新的工作任务时有了工作的方向，这是非常重要的。领导者的严格要求对于他们的成长是非常有必要的，也可以让他们少犯一些错误。

2. 教练型

过了一段时间后如半年，这个职场新人对于工作任务具备了一定的应对能力，也积累了一定的经验，但还有一些不足。同时，这些新人开始有了一些"老人"的感觉，尤其是当又有了一些其他新人加入进来，就会表现出工作态度不像以前那么积极了。此时，领导者要采取的领导方式就是教练型。所谓教练，不仅要在能力上继续锻炼员工，指出他们工作上的不足，让他们继续提升自己的相应能力；也需要给予他们思想上的指引和辅导。在指令型阶段，领导者甚至可以完全不用考虑员工的思想状态，因为处于该阶段的员工大多会完全听从指令，但是在教练型阶段，有些员工思想上有可能出现"滑坡"，领导者要给予必要的个性化关怀。看看球场上的教练就知道，不仅要布置技战术，而且还要在场边大声鼓励球员。

3. 支持型

又过了一段时间，例如一年，这个新员工俨然已经成了真正的"老人"，他们已经是工作的熟手。对于专业能力，领导者可以不用担心了。领导者真正担心的是他们的思想状态。这时候员工在工作态度上可能出现明显的下滑：或许是因为对于任务非常熟悉，由自信衍生出对于任务的轻视；或许是觉得自己已经是老人了，对工作的投入度明显降低；或许觉得自己已经具备了能力，开始对薪酬的公平性产生怀疑等。总之，他们可能已经不像之前的两个阶段那样对于工作认真负责。这时的领导者也要把工作重心转向员工的思想工作，要更加深入地了解他们的思想状态以及职业动机，给予他们更多的关怀，不要让他们在思想上"脱轨"。这时候，领导者的任务其实更为繁重，虽然不用再去指导具体工作，但对于下属思想上开小差更是绝不能轻视的。如果不深入去了解，时间长了，员工的工作可能做不好，还有可能离职。

4. 授权型

又过了一段时间，员工对组织有了归属感，甚至还有了主人翁的心理感受。这时候的员工既拥有了完成工作的意愿，也拥有了完成工作的能力。因此，对于组织来说，此时，领导方式就是授权放手让员工去做。这样的授权所产生的信任又可以进一步强化他们的工作意愿。到这一步，整个领导生命周期算是告一段落。领导者已经在与下属的互动过程中，不断地引领下属走向真正的成熟。领导者如果再进行过多干预和指导，既没必要，也很不明智，甚至还会降低员工的工作意愿。

领导生命周期理论强调的就是领导者采取的领导方式必须基于对于员工成长状态的分析和把握。不加区别"一视同仁"，领导者可能很努力很辛苦，但未必会产生好的效果。例如，对于空降兵，领导者应该采用怎样的领导方式呢？领导者为了凸显信任，对用高昂代价请来的空降兵采取授权型领导，而空降兵也为了更快地证明自己，也会进行"大刀阔斧"的变革，但是结果常常是因为"水土不服"而草草收场。从领导生命周期理论来分析，那些拥有丰富经验的空降兵其实适用于指令型的领导方式，因为他的经验都来自前一份工作，或许与当下的工作内容类似，但毕竟组织环境是不同的，所以他是属于那种"能力不足"的类型，这时候的放任其实是领导者不负责任。最好的方式仍然是按照指令型进行领导，但毕竟空降兵是有经验的，他们会很快适应当下的环境，然后再过渡到授权型，就能使之更好地实现"软着陆"。

领导生命周期理论是实现领导者影响力的具体方法。当然，关键在于领导者必须充分了解和判断被领导者的状态。另外，领导者必须保持与被领导者的密切沟通，及时发现他们完成任务过程中的能力变化、了解思想变化。能力的变化相对来讲更为显著一些，而思想的变化就不那么容易把握了，如果一味地以任务为导向，而忽略了工作过程中人们的思想变化，没有及时调整领导方式，就会增加领导者不必要的工作负担，而且还有可能降低领导的有效性。

基于领导者的权力工具箱

影响力也可以被定义为权力，人们常常说的领导力是领导者影响力或领导者权力的通俗说法。本节先介绍一般意义上的领导者权力构成，然后分析在新的领导环境下，领导者权力的使用。

1. 权力的构成

根据影响力的性质，通常把影响力分为强制性影响力和自然性影响力两种。强制性影响力也叫作权力性影响力，是随着领导者所担任的职务而来的。一个人担任了某个职务便获得了这个职务的法定权力。一般来说，这种影响力带有强制性，它主要是由社会或组织赋予个人的职务、权力和地位等构成的，下级不能随便不接受领导。这种影响力不是人人都有的，在企业里由管理者所有，在军队里由长官所有，在家庭里由家长所有。总之，它通常属于职位和权力的拥有者。强制性影响力的特点在于它对人的影响带有强迫性，不可抗拒性，它在心理和行为上带给人的影响，主要表现为被动、服从。

（1）关于构成强制性影响力的基础，一般认为有三个来源。

1）强制权：这是一种建立在惧怕基础上的权力，也叫作惩罚权力。当一个人握有能使他人不愉快，甚至是痛苦的手段时，便获得了这种强制性权力。人们为避免惩罚而被迫接受上司的要求或服从领导。

2）奖励权：这种权力与强制性权力是对应的。上司有奖励下属的权力，下属只要服从上司的意愿，便会收获积极的奖励。这种奖励可能是物质的，如工资、奖金、实物等，也可能是非物质的，如表扬、晋升等。凡是手中握有能够满足别人需要的物质和非物质手段的人都具有这类影响力。人们为了获得奖励而愿意接受他的影响。

3）法定权：这是指在正式组织中，居于某种领导地位的个人所具有的强制性权力。这种权力是组织赋予的，它本身带有法定的性质。法定权之所以会造成影响力，是由社会规范和人们的传统观念决定的。一个领导者在组织中的地位越高，他所拥有的法定权影响力也就越大。

（2）影响力的另一个构成要素是自然性影响力，也叫非权力性影响力。它与权力性影响力的不同在于：它不是外界赋予的那种奖励和惩罚别人的手段，而是产生于个人的自身因素，也就是人们常说的个人"威信"，它是由于领导者自身具有良好的表现而受到下级由衷的敬佩，并依靠自己的威信和以身作则来影响别人，从而起到领导的作用。生活中常常有这种现象：一个知识渊博、待人可亲的人，他的话别人往往听得进；在车间里，一位受尊敬的老师傅的话往往会比班组长甚至车间主任的话还管用，其原因就在于他自身的因素所产生的自然性影响力具有较大的信服性。

构成自然影响力的基础，一般有两个来源。

1）专长权：就是个人具有知识、技能和才干方面的专长，并在与他人的交往中，获得他人的了解和信任。这样的人容易赢得他人的尊敬和信服，下属一般也更愿意支持这种行家做他们的领导者。从一定意义上说，由专长所构成的自然性影响力作用最大，对人产生的心理影响最自然，也最不可抗拒，由它所带来的行为动力也最积极。

2）魅力权：就是领导者在与他人的交往中，通过表现出来的一种或多种优良品德，在被领导者中产生个人魅力。一位品德优良的领导者，不仅能够赢得人们的敬佩，而且人们也愿意接近他，成为他的"粉丝"。敬佩就是一种甘愿接受对方影响的心理倾向。例如，同样一番道理，让一位英雄模范人物来宣传就比用一个普通人的效果好，这主要是因为前者具有良好的品质因素。

在现实生活中，这两种非权力性影响力对领导者的作用和威信来说，往往具有很高的价值。自然性影响力的特点在于：它对别人的心理和行为影响是自然的，是建立在使人感到是"对的""应该的"即信服和敬佩的基础上。它使人在心理上并不感到有一种压力，而是通过潜移默化的自然过程变为他人的内驱力，并在行为上表现为自愿、主动。因此，它能对人产生很大的激励作用。

强制权、奖励权、法定权和专长权、魅力权共同构成了领导者的权力基础。如何使用权力，用哪种方式去影响下属，这些取决于被领导者的状态，而不能由着领导者的性子。现在，被领导者与以往有很大的不同，如何使用权力已经是领导者必须去认真思考的问题。

2. 权力的使用

如果说领导者有个权力工具箱，这里就有五种"工具"。面对同一种情况，不同的领导者可能会使用不同的工具。例如，同样是面对绩效不好的员工，有些领导者采用鼓励的方式帮他建立信心，有些领导者采用批评的方式指出他的问题，有些领导者采用手把手教导的方式辅导他等。没有哪一种权力是最好用的，但在权力使用方面的确存在明显的领导者个人偏好。从某种角度看，这种权力使用偏好也塑造了领导者的个人领导风格。

虽然领导者有自己使用权力的习惯和偏好，但是究竟使用哪项权力更取决于领导者面对的组织状态以及被领导者状态。该用扳子的地方不能用螺丝刀，尽管你很擅长使用螺丝刀。下面以创业企业发展的基本历程为例，看看领导者权力使用与组织状态的匹配。

从权力模型的角度去审视组织成长，不难发现大多数创业者更多依靠专长权和魅力权来组建创业企业。最典型的例子来自IT行业，无论是苹果、松下、微软、惠普，还是小米、腾讯，这些组织的创建都是基于创始人的技术专长。在公司起步阶段，作为领导者当然也是拥有奖励权和强制权的，但是他们很少使用或者即使用也没有什么规范可言。看看那些刚刚起步的创业型公司，下属和领导者常常都是一种"没大没小"的状态，人们之间还没有什么明确的身份意识，领导者只是有一种法定权。大家共同创新了一种产品或模式，这是公司的起步。

但是，随着组织规模的扩大、技术复杂性的增加，以及技术边界的高速扩张，创业最初的技术专长将逐渐被分解和深入。创业者要把以专长权和魅力权为基础的影响权转向以奖励权和强制权为基础的影响权。换句话说，创业的激情要被制度的激情替代，只有这样组织才能够持续发展。松下幸之助以自己所擅长的自行车灯头制造起家。在1931年，他就开始施行基于单个品种的事业部制。松下幸之助知道：许多技术已经脱离了创始技术，他需要通过自主经营的体制来获得更加优秀的人才并保持人才的创业激情。正是这样良好的权力过渡，才使松下幸之助建立起庞大的商业帝国。处在这个阶段的企业，已经走过了创业时的极不规范阶段，人员规模也在不断扩大，业务也在不断成长，企业有了规范化的需要。于是，企业有意识地进行制度规划，把过去非正式的组织架构规范起来。从领导者权力的角度来看，一系列的规范让领导者有了奖励权和强制权。

随着企业进一步发展和规模进一步扩大，企业人员数量不断增加，企业开始意识到统一的价值观对于一个庞大公司的作用。这时很多企业都开始准备进行企业文化建设。从大的方面来说，企业文化是价值观和行为规范；具体来看，企业文化构成的要素"英雄人物"是企业文化的真实体现，也是企业内人们追随的对象。需要注意的是：在大多数企业中，创始领导者都是企业文化中英雄人物的最佳人选。于是，在企业文化的建设和传播过程中，作为英雄人物的领导者被塑造出非凡的魅力，领导者的魅力权得到极大增强。这时甚至不用使用法定权，领导者只需要个人魅力就足以产生强大的影响力。

可见，在不同的组织阶段，领导者需要使用不同的权力，不能仅凭个人习惯或偏好。

另外一个非常普遍的情形也能很好地说明权力使用与组织状态的适配，那就是人们经常讨论的"空降兵水土不服"的问题。一般认为是空降兵不了解企业情况，水土不服，没有办法融入。从领导者权力角度来看，空降兵之所以不成功常常是因为权力使用错误所导致。对于刚刚加入组织的新领导者来说，尤其是那些被公司高薪高职聘请来的领导者，他们拥有了比先前更高的职位，为了证明自己的水平，常常迫切地使用法定权开展工作。然而，虽然空降兵拥有很高职位，但他并不真正熟悉组织的情况，这就使他的法定权在没有实施的群众基础时匆忙地大刀阔斧地进行改革，因为这会触及组织既定的利益格局，必然在一段时间后遭到其他领导者的排斥。对于空降兵来说，随意使用法定权是造成工作不顺利的最主要原因。比较理想的方式可以参考上述的创业领导者的权力模型。空降兵可以通过首先使用专长权这种温和的权力建立一些业绩，然后再明确奖励权和惩罚权并通过这两种权力来筛选被领导者。过了一段时间后，法定权也就实至名归了，原本比较困难的工作也就有了进一步推动的基础。

除了领导者所处的组织状态对权力使用有着客观要求，被领导者的状态也是领导者在使用权力时必须考虑的重要方面，领导者采取什么权力方式进行还必须根据领导行为的对象来谨慎调整。如今的被领导者与以往有很大的不同。伴随互联网成长的新一代，他们有着丰富的信息和知识，挑战权威、关心自我，单纯的强制性权力不能使他们产生心悦诚服的追随。**领导者必须通过自身的不断学习，不断提升知识和修养，使自己能够成为被领导者心中的"偶像"，通过自然性权力构建坚实的影响力基础。**如果说对于60后、70后，强制性权力具有良好的效果，那么对于新生代员工，他们更期待拥有自然性权力的领导者。

如今，领导者权力已经发生了从强制性权力向自然性权力的转移。领导者对于这种权力的转移要非常清醒。当然，强制性权力并不是就完全没有作用，只是它们不像以前那么威力巨大了。作为被领导者的新生代员工，他们更加看重领导者的能力和品德，会因为领导者的专长和魅力而发自内心地追随。

拥有"五项"领导权力的领导者，在权力使用方面有着自己的偏好，这奠定了不同的领导风格。但在具体实践中，究竟应该使用哪项权力来影响下属，要根据组织的情形以及被领导者的状态而定。权力选择不合适，领导者的影响力就会大打折扣，领导效能也就不能实现。

本章小结

领导行为的根本特征是影响。人们的认知并不是稳定的，会受到外部刺激的干扰。领导者完全可以借鉴社会心理学所提供的一般方法，并在领导情景下有针对性地应用，从而实现对被领导者的影响，使他们产生领导者预期的行为。基于被领导者的领导生命周期理论以及基于领导者权力工具优先顺序的转移，为领导者建立影响力提供了两条务实的线索。但最朴素和最有效的影响力依然是领导者以身作则。

第7章

领导环境

在探讨领导效能时，人们常常忽略环境的影响。"一方水土养一方人"，环境对领导力的影响是巨大的。领导环境是指组织机构所有成员所处的大环境，包括硬件的物理环境和软件的心理环境。建设一个和谐的环境将会更好地保障领导效能的实现。

领导环境中的硬件

"栽下梧桐树，引得凤凰来。"在力所能及的范围内，领导者应该认真对待组织的硬件建设。领导环境中的硬件，除了工作环境的物质条件外，还包括人们能真切感受到的组织结构设计、工作设计以及近些年人们热衷讨论的工作重塑。

1. 工作环境

工作的物理环境指的是办公室的建筑设计、室内空气、光线、颜色，以及办公设备、办公布局和布置等"硬环境"因素。工作的物理环境影响着工作者的生理和心理状态。

尽管很多公司开创初期的工作环境都不太理想，例如惠普公司，但是只要条件允许，公司领导者都在不断地改善工作环境。有研究表明：影响毕业生找工作的一个重要因素就是公司的办公环境。

日本企业 5S 现场管理以倡导工作场所的整洁、干净与有序而闻名，被全球企业界广泛推崇和学习。5S 即整理（Seiri）、整顿（Seiton）、清扫（Seiso）、清洁（Seiketsu）、素养（Shitsuke），又被称为"五常法则"，是指在生产现场中对人员、机器、材料、方法等生产要素进行有效的管理。通过严格的 5S 现场管理，创造令人心旷神怡的工作场所。同时，工作现场的整洁、干净与有序是杜绝浪费、降低成本、提高工作效率、保证产品质量和确保准时交货的基本保障。

今天，越来越多的企业开始重视工作环境建设。在办公楼，企业不仅提供优越的办公条件，而且鼓励员工自己打造舒适的办公位；在工厂，厂区环境、机器设备、备品备件等也都井然有序，有些工厂甚至开放为工业旅游区。

如果说像企业文化等软环境的提升需要时间的积淀，那么企业硬环境的建设要相对简单很多。千万不要寻找各种借口忽视硬件的投入。优越的环境可以让员工在工作中享受快乐，也能够为软环境的建设提供坚实的保障。

那么，如何营造一个舒适的工作环境？职场人一天中有将近一半的时间在公司，公司不仅是工作的场所，多少还带有生活的色彩。因此，在办公设施保障的基础上，增加一些生活的元素和设备能够帮助员工放松心情。对于新生代员工来说，有趣的工作环境有时比薪酬还重要。有些企业甚至以"工作游戏化"为理念，彻底颠覆传统的办公环境。企业还可以多借鉴人体工程学的要求，让整个办公环境的设计更加科学，也更加照顾工作者的身体。具体到个体工位设计，可以考虑给员工施展的空间，让其工作场所个性化。例如，在办公桌上放置家庭照片，案头摆放盆景或花束，墙壁挂有趣的挂饰等。有的企业甚至许可员工将个人空间装饰成自己喜欢的颜色，使得整个工作场所看起来相当有趣。

总之，安全、舒适、轻松的环境可以增强人们的工作意愿，改善工作绩效。企业不能把工作环境建设仅当成是一种员工福利，它是企业整体建设中非常重要的一环。尤其是今天，新生代员工越发看重物理环境的重要性。人际氛围尽管重要，但物理环境更为直接。人际环境的建设是无形的，而物理环境的改善是具体的。为员工创造舒适的工作生活环境，使员工幸福感得到全面提升，他们才能以积极的状态为客户提供高品质的服务。相反，在恶劣环境中工作，只会消磨员工的积极性，让员工失去工作热情和自信心。

2. 组织结构设计

组织结构是组织内部分工协作的基本形式和框架，它反映了组织内部正式的制度化的权力、责任、任务及其相互关系，是组织的部门化和层级化的结果。为保障各类活动能够顺畅进行，组织需要将执行活动所需的职权授予相应的管理人员，并规定不同层次和部门的相互配合关系，建立一个让组织成员相互合作、以最低成本实现内部交易的良好环境，使组织成员在各自的岗位上为实现组织目标而尽职尽责。

在组织的发展过程中，也会有很多因素，它们不仅影响着组织结构，也会沉淀进组织结构中，成为组织独特的风景。影响组织结构设计的主要因素有以下五个。

（1）外部环境：就如同大自然对生态结构的影响，水中的鱼、空中的鸟，它们的结构必须适应它们所依存的环境，组织也必须根据外部环境进行建设、调整或优化。

（2）战略：战略是组织实现目标的具体内部安排方式，目标产生于组织的总体战略，因此组织结构应该服从和服务于战略。不同的战略要求相应的组织结构给予支撑。同样是房地产公司，因为战略不一样，服务的客群不一样，组织结构也会不同。如果组织战略做出调整，例如确定新的方向或业务领域，组织结构也必须进行相应的调整。

（3）规模：组织的规模对结构具有明显的影响作用。例如，大型组织比小型组织具有更高程度的专业化、横向及纵向的分化，小型组织会更加强调职责及部门边界的弹性。规模带来的一个关键问题是集权还是分权，这没有绝对的答案，需要领导者视情况而定。

（4）技术：任何组织都需要通过技术将投入转换为产出，组织的设计会因技术应用的变化而变化，特别是技术范式的重大转变，往往要求组织结构做出相应的改变和调整。随着技术复杂程度的提高，企业组织结构复杂程度也相应提高，管理层级数、管理人员及高层管理者的控制幅度也随之增加。

（5）生命周期：组织的成长如同生物的成长一样要经过诞生、成长和衰退几个过程。在不同的生命过程中，组织结构也需要进行调整以完成不同生命过程中的任务。例如，在创业阶段，组织是小规模的、非规范的、灵活的；在成长阶段，组织可能就要建立以产品或市场为导向的、更好服务客户的结构，同时赋予相关部门更多的权力等。

除了上述这五个因素，企业在组织结构设计时还会有一些自己的独特考虑，这就使得组织结构形式各异，对组织内部各部门的构成及各部门的相互关系的设计也有各自的考虑，但从整体类型来看，较为常见的组织结构类型有直线型、职能型、直线职能型、事业部型、矩阵型等，篇幅所限不再详细介绍。

需要注意的是：组织要根据自身的发展要求来选择适合自己的方式，切忌单纯地照搬其他公司的组织结构。有人热衷谈论互联网明星公司的组织结构，似乎不仅其业务是前沿的，其组织结构也是优秀的；好像如果自己不去借鉴其组织结构，就意味着守旧和落后。其实，正如穿衣服一样，不同的身高、体重、样貌、气质，需要不同的衣物来配搭才好。组织结构设计没有最佳的标准版本，能够有效实现目标的组织结构才是好的组织结构。

3. 工作设计

组织结构确定后，接下来就要来设计具体的工作。面对新生代员工，如何让工作本身更具吸引力，是每位领导者不得不考虑的问题。通过对工作权责的认真设计和安排，用现在流行的说法，就是给工作赋能。组织还可以考虑通过工作设计来增强人们内心的积极感受。为了强化心理赋能作用，进行工作设计时要特别考虑凸显工作的意义，体现工作权力，承诺工作回报。

（1）有意义：就像战前动员，将军总会告诉士兵"为什么战斗"以及"战斗的意义是什么"，这样才能激发出每个士兵的使命感和自豪感。例如牧野之战，尽管商纣王军队人数占优，但士兵们想着这样的战斗只是为了一个人的幸福，因此面对带着满满正义感的周武王的士兵们，他们最终选择了临阵倒戈。员工未必能够知道工作的意义，这时领导者就可以做一些引导。对工作内容赋予特殊的价值和意义，会唤起人们内心对工作的神圣感和责任感。

（2）有权力：在数字化时代，无论管理者是出于什么原因而拒绝员工参与企业管理，这对任何组织来说都是一笔巨大的损失。让员工参与到企业的日常事务和相关决策活动中，不仅能够有效激发员工的积极性和责任感，还能够让企业从中获得难以想象的收益。

一方面，组织通过权力下放，可以调动员工工作的积极参与，在一个受到领导信任和关注的工作环境中，员工的工作满意度和敬业度都会大大提升。另一方面，相比年长的领导者来说，今天的新生代员工凭借对互联网技术和资源的熟练运用，或许拥有更多的信息，掌握更多的知识和能力，这样就使得组织内的权力下放成为可能。既然应该给予自主权，又能够给予自主权，那就没有理由不去下放权力了。

（3）有反馈：一个人在完成工作任务后总希望尽快了解自己的工作质量、数量、社会反映等。好的结果会带来满意和愉快的情绪体验，给人以鼓励和信心，使人继续努力；坏的结果能使人看到不足，通过改进和完善，争取下一次能够有好的结果。反馈要具有时效性，及时的反馈才有意义。另外，在工作反馈的基础上，组织还应当让每个员工都清楚，组织是不会亏待那些真正努力的员工的。每个人都希望获得尊重，渴望得到公正的回报，这构成了人的内在动力，给予员工合理回报就能够引导员工更加积极主动地投入工作。

4. 工作重塑

工作重塑是指员工通过调整工作认知和行为来重新界定工作任务和工作关系的边界，使自己的兴趣、动机和激情与工作保持一致。

研究者认为员工可以从三个方面进行工作重塑：

（1）认知重塑，即改变对工作的认识及价值判断。

（2）任务重塑，增加或者减少工作内容，也可以称之为改变工作的职责范围。

（3）关系重塑，即调整与工作伙伴之间的沟通与协作方式。

工作重塑无非是从员工角度对工作说明书进行重新定制化，工作说明书不是简单地由企业直接布置给员工，员工也有一定的自主权。工作重塑的理念能够让员工主动挖掘工作的意义、赋予员工相应的职权，提升工作认同感。

领导环境中的软件

领导环境中的软件是指领导者与被领导者在互动中所形成的心理氛围。这里，我们特别强调信任和价值观这两个关键要素。

1. 信任

在一个充满信任的领导环境里，领导者的指示和意图不仅能被准确地理解，而且能被不折不扣地执行。反之，如果下属怀疑领导者的指令，他就不会认真地执行，或是在执行的过程中，增加许多个人或小团队的意图，这都会降低领导的效能，甚至扭曲领导的效能。从另一个角度看，领导者不信任被领导者，他也不可能充分授权，被领导者的才能也不可能得到充分施展。

那么，什么是信任呢？《现代汉语词典》对信任的解释是"相信而敢于托付"。社会科学把信任看成对他人的一种肯定的预期，认为他人不会通过语言、行动或决定而任意行事。从管理实践的角度看，信任是人际环境中的最关键要素之一。失去了信任，领导效能就失去了"根基"。

信任的来源

在探究影响信任的关键因素方面，比较有代表性的是梅耶（Mayer）在 1995 年提出的"感知到的可信性因素"，它们是能力、正直和善意。

（1）能力：能力是指某人在特定范围内对其他人产生影响的技术、才能和性格的总和。一个人的可信任度高低取决于其执行工作的能力。一个人拥有越多的专业知识，在一定情景下，他的指导就越有价值，越能够得到人们的信任。在一个充满不确定性的情景里，有能力的领导者会使得组织成员追随他，这本身就是信任的体现。

需要说明的是：能力的范围是特定的，这是因为被信任方可能在某一技术领域拥有很高的才能，使人们相信他在该领域会做得很好。但这个被信任者可能在另一个领域能力很差，没受过什么培训，也没有什么经验。例如，一个人可能在人际交往方面能力比较差，人们可能相信他能在技术领域做好分析工作，而不会相信他能处理好客户关系。因此，信任双方都不能求全责备。组织成员不能期望领导者是无所不知的人，只要领导者能证明他拥有的能力与组织目标高度关联就足够了。

（2）正直：正直指的是对原则的坚持。原则包括社会的基本原则和组织内原则，前者是整个社会遵循的价值准则，后者是组织形成的一套价值观和实践准则。领导者对原则的坚持将会体现出其诚实、公平、开放等品质，这些品质会极大地影响组织成员对他的信任。

坚持原则能够证明被信任者的个人诚实性。如果被信任者不能始终一贯地坚持原则，信任者就会怀疑他的诚实性。我国古代加强个人修养的"慎独"思想培养的就是正直。君子在独处、无人注意的时候，也要小心谨慎，严格要求自己，不做违背道德的事。

（3）善意：善意是信任者感受到的外界对其抱有的积极态度。在没有回报的前提下，一个人在多大程度上替他人着想，就反映了他在双方关系上的善意程度。通常来讲，人们不会拒绝那些对他们表现出善意的人，"抬手不打笑脸人"，并且容易由此产生信任。

善意的行为表现在领导层面，一是对组织成员的需求和利益保持敏感和关心，二是以保护员工利益的方式行事，三是避免为一人利益而损害他人利益。善意排除了"以自我为中心"的利益动机，被信任者愿意为信任者谋利。

综上所述，能力、正直和善意对领导者是否能够被信任十分关键。虽然这"三个"因素彼此独立但缺一不可，它们共同构成了信任的关键基础。如果一个人的正直众人皆知，而且能力"一流"，他是否就能得到组织成员的信任呢？不一定——如果领导者对组织成员不那么抱有善意，他的行事不考虑是否会对组织成员造成伤害，组织成员也不会信任他。一个具有善意却没有能力的人，可能是组织中的一个"好"人，他不知道如何处理问题，也不明白如何为别人提供帮助，这同样也会影响信任。因此，缺少这三个因素中的任何一个，领导者的信任都会受到影响。

信任的建设

领导者和被领导者之间的互信是领导效能的"基石"。但是非常可惜的是：许多领导者并没有在信任建设方面投入精力，而是让信任处在一种自然发展状态，这就使得领导效能在较长的时间里无法发挥出来。

人们之间信任的建立是基于各种互动的行为，而决定这些互动行为的是人们所努力扮演的各种角色。角色是指个人在特定的社会团体中占有的适当位置和被社会或团体所规定的行为模式。社会生活中的每个人都是角色的复合体。社会的某一个别地位所包含的不是一个角色而是一系列相互关联的角色，这使居于这个社会地位的人同其他各种不同的人联系起来。

对于一个组织成员，可以把他的角色复合体分为工作角色和非工作角色。例如，张先生既是公司的营销经理（工作角色），又是一个儿子、丈夫、父亲（非工作角色）。那么，信任与这两类角色有什么关系呢？

组织内员工的信任首先来自工作角色间的行为互动，一个具备足够能力、履行好其工作职责的人能够得到上级、同事和下级的信任。显然，这种被人们信任的能力是具有组织和工作色彩的。信任的范围自然就是能力的范围，只有在一定条件下，信任才有可能超出能力的范畴。从信任的深度来看，基于工作角色的信任是暂时的。因为组织或工作关系总是处在变动中，信任会受到利益的影响而变得脆弱。换句话说：单纯以工作角色建立的信任是不稳固的。

实践证明：非工作角色在信任的建立方面发挥着极其重要的作用。在中国文化情境下，"自己人"是信任的最高境界，"自己人"显然不是经由工作角色实现的。更进一步，工作角色对于"自己人"的形成甚至是无用的。有学者研究：在传统社会中，自己人指的就是自家人，基于血缘或亲缘关系。但是血缘或亲缘总是有限的，为了能够与更多人建立信任，人们通常采用"拟亲"的做法，就是给予那些自家人以外的人等同或类似于自家人的身份。这种"拟亲"就是以非工作角色所表现出来的行为为基础的，而与工作角色基本没有关系。

人际信任不是凭空产生的。对于希望在组织中建立信任氛围的领导者而言，认真分析组织成员的工作角色和非工作角色会有很大的帮助。工作角色的信任以工作能力为基础，这容易判断，但信任的深度不足。非工作角色的信任是在更广阔的背景下建立的更深入的关系，以目前的经营环境看，这恰恰是领导者不应该忽略的。

2. 价值观

随着组织的发展，组织领导者越发意识到貌似"虚头巴脑"的价值观其实有着深刻的意义。一般认为组织价值观是指组织倡导的、有关组织生存发展的基本观点。组织价值观对于组织的作用具体表现在以下四个方面。

（1）导向作用：组织明确说明什么对于企业发展是重要的，这是一种明确的价值取向，也对员工表明了价值标准。这会影响员工的行为，员工会不自觉地将自己的行为与组织所倡导的行为进行对标。

（2）凝聚作用：明确的组织价值观及由此所产生的评估自然地将符合价值观要求的员工筛选出来。所谓"道不同不相为谋"。如果员工们思想一致就会志同道合。

（3）规范作用：来自四面八方的员工拥有不同的个体价值观，如果组织没有强势的价值观，这种个体的张扬无法带来组织整体的和谐。组织价值观可以让个体更为自觉地对照，从而找到其中的差异，这就为员工不断修正自我提供了依据。价值观的规范作用对于组织执行力来说是至关重要的。

（4）标识作用：价值观能够强势塑造出组织的特有形象。对于处在相同行业的组织来说，其主要区别便是企业所秉持的价值观。例如，有些企业"利润至上"，有些企业"客户至上"，有些企业"服务至上"等，尽管是同样的产品，企业会被打上不同的标签，而企业也因为不同的侧重而不断拉开差距。

组织领导者经历了在市场的摸爬滚打后会认识到对于市场的灵活适应也需要清晰的原则性，这需要公司必须清楚地制定出明确的价值准则。相反，如果没有明确的价值准则，企业即使能够获得短期成功，也很难行稳致远。

美国学者泰伦斯·狄尔（Terrence Deal）和爱伦·肯尼迪（Allen Kennedy）特别指出："对那些具有共同价值观的公司来说，共享的价值观决定了该公司的基本特征，使其与众不同。对公司成员来说，他们就有了一种优越感，感到与众不同。更重要的是，价值不仅在高级管理人员心目中，而且在公司绝大多数人的心目中成了一种实实在在的东西。正是这种把人们聚集在一起的意识使得共享的价值产生了效用。"

电视节目《奇葩说》有这样一个辩论题目：奇葩星球美术馆着火了，一幅名画和一只猫，只能救一个，你救谁？有人救画，有人救猫，这都无可厚非，人们心中的重要性排序是不一样的。现在问题来了，如果把题目布置给两个人，两个人只能共同救一个。如果一个人要救画，一个人要救猫，这可怎么办？两个人很可能就站在美术馆门口吵个不停。如果这个问题再进一步扩大，如果将这个问题抛给一个组织的成百上千名员工，怎么办？这需要做出取舍，如果没有统一的价值观做选择就会出现冲突和问题。

价值观最为重要的作用是统一思想。当人们不得不做出艰难选择时，这种选择往往具有决定性的影响，而此时，价值观便无处遁形，清晰地展现出来。如果没有统一的价值观，组织很有可能就面临分崩离析。

那么，如何在员工中建立起统一的价值观？其实也并不复杂，正如托马斯·彼得斯（Thomas Peters）所说："灌输价值观的成功不取决于领导者是否有超凡的想象力，相反，这种成功却要领导者亲自实践他自己努力树立的价值观，一丝不苟地、踏踏实实地、坚持不懈地去实现它，同时还需要以异常坚忍不拔的精神不断完善这种价值观。"

积极的和谐：冲突管理

具有各种背景的组织成员聚合在一起，冲突是不可避免的。冲突对任何组织来说都是重大的问题，如果得不到足够的重视，冲突会愈演愈烈，严重危害组织的健康甚至导致组织的灭亡。但并非所有的冲突都是坏事，冲突也有积极的一面。**优秀的团队领导者可以让冲突转化为力量，让矛盾演变成协作。**

在冲突管理中，领导者努力去营造团队的合作气氛至关重要，这是建设性地解决冲突的关键，也可以有效地防止冲突失控。另外，团队领导要帮助团队成员尽快认识自己的角色，因为绝大多数团队成员间的人际冲突都是由人们对角色的认识混乱造成的。

1. 冲突的价值

冲突是一种过程，这种过程始于一方感觉到另一方对自己关心的事情产生消极影响或将要产生消极影响。冲突本质上是一种心理紧张状态，源于冲突双方因目标、认知和情感的互不相容而产生的心理对立。

在组织里，冲突是普遍存在的。例如，销售部门总是希望能够得到更多的来自市场和公关部等部门的宣传支持，但这些支持部门的工作却经常受到预算、时间等因素的限制，一旦销售任务完成得不好，销售部门与支持部门就会产生矛盾，造成冲突。

一般来说，造成冲突的原因有以下三个方面：

（1）互依性：在一个组织里，两个人、两个团体、两个部门的互依会导致冲突的发生。每个组织的运营都离不开人、财、物等资源，而这些资源又都是有限的。组织内各单位或个人由于共同对这些资源的依赖而产生互依。这如同分一个蛋糕，你若分得多了，我必然就分得少。特别是在僧多粥少的情况下，冲突不可避免。另外，组织内个人、团体或部门在时间上互依的程度越大，互相产生冲突的可能性就越大。例如，在工厂的流水生产线上，任何两个相邻的单位或个人，时间的依存性都很强，因而产生冲突的可能性就会增加。

（2）目标差异：在一个组织里，目标不同的部门或个人，其产生冲突的可能性要比目标接近的部门或个人大。当组织里资源充裕且各部门独立时，则目标的差异影响不显著，此时每个部门都可朝自己的目标迈进，不太会受其他部门的影响，冲突一般不会发生或者表现不明显。但当资源减少或用尽，共同依赖程度增加时，目标的差异就变得明显和重要了。

（3）个体差异：团队中的人与人是因为某种共同目标而汇集到一起的，人与人之间的个体差异却客观存在。随着差异性的增大，在相互依赖的关系下，冲突就不可避免。例如，一般员工认为重要的事情，对管理人员特别是高层管理人员来讲，可能属于鸡毛蒜皮的小事；或者管理人员认为特别重要的事情，员工可能不屑一顾。由于这种直觉的差异，冲突也就在所难免。

那么，应该如何看待组织内的冲突呢？既然冲突根本避免不了，它是组织的必然产物，因此人们必须接纳冲突、改变冲突，让它对工作有帮助。还有一种观点更为激进，称作冲突的相互作用观点，它甚至鼓励冲突，认为只要管理者维持好冲突的量级，组织就会更加有活力。

冲突有两种形式：破坏性冲突和建设性冲突。

所谓破坏性冲突就是双方目标不一致而造成的冲突，一般都会带来消极的后果。无论是发生在个人之间还是群体之间，这种冲突都会影响群体成员之间的感情，破坏群体成员之间的关系，阻碍群体目标的完成。

所谓建设性冲突就是指双方目标一致，而在方法和认识上存在不同所产生的冲突。建设性冲突能够为组织发展带来好处：发现问题，组织表面的和谐往往隐藏着许多潜在的危险，冲突可以把这些问题暴露出来；找到解决方案，冲突可以使人们更加深入、更加全面地思考存在的问题，找到更加有效的解决方案；推动组织变革，通过对冲突的分析和解决，人们往往可以发现影响效率的工作流程、岗位安排及组织结构，进而推动组织变革的顺利进行。

典型的建设性冲突如"鲶鱼效应"。挪威一家远洋捕捞公司发现存放在水槽中的沙丁鱼不喜欢游动，而半死不活的鱼和冷冻的鱼一样都丧失了鲜味。直到几年后，他们找到了解决办法：在每个水槽中放进一条鲶鱼，原本懒洋洋的沙丁鱼一看见鲶鱼，立刻感受到威胁，为避免被鲶鱼吃掉而迅速游动起来，于是整个鱼槽都被"搞活"了。

企业在用人方面也是一样，通过引进能干的人才以形成潜在的冲突，其他的员工就会感受到压力，从而拼搏进取。如此一来，整个团队就生机勃勃，充满了生机。**适当的冲突对组织来说并不全是坏事，只要能够有效控制冲突，就能够产生很好的组织效果。**

2. 冲突管理

好"面子"、讲信任、避免诉讼等传统的价值观影响着我们对冲突的态度及其处理方式。人们总是觉得冲突暗示的是人与人之间的敌意，通常会注重冲突有害的一面，而忽视其有益的一面。当人们意识到潜在冲突时，一般来讲不会主动去激发它，相当多的人会采取折中、妥协甚至逃避的策略来对待它。为了顾全"面子"，也会多采取侧面而非正面的手段解决冲突，在组织冲突管理方法上一般则选用折中、缓和等较"中庸"的手段处理冲突。这样做常常是推迟冲突，而没有真正解决冲突。

在冲突管理方面，管理学提供了更为积极的模型，如图7-1所示。

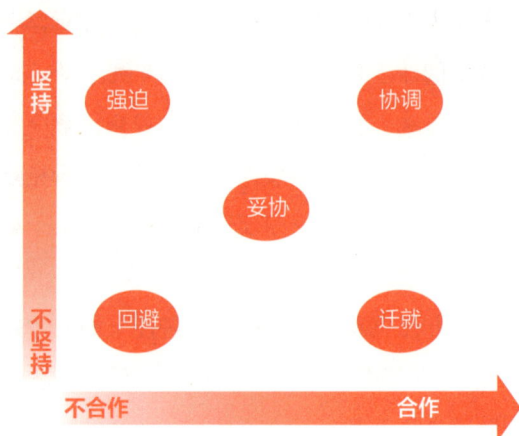

图 7-1 冲突管理

冲突管理通常包括两个维度：合作和坚持。合作表示的是对对方的态度，坚持则表示对自己观点的态度。由这两个维度交叉组合一共可能出现"五种"不同的行为决策：回避（不坚持且不合作）、强迫（坚持但不合作）、迁就（不坚持但合作）、协调（坚持且合作）、妥协（合作与坚持都处于中等状态）。

（1）回避的方式：回避的方式就是不坚持、不合作。人们利用这种方式逃避冲突、忽略不同意见或保持中立，事不关己，高高挂起。这种方式反映了人们对冲突的极力回避。

（2）强迫的方式：强迫的方式是坚持的、非合作的行为，它反映了人际冲突的输赢格局。采用这种方式的人总是力图达到自己的目标，而不顾他人。这种方式有时能帮助人们达到个人目标，但如果领导者过于依赖强迫方式，忽略团队成员的利益，久而久之，就会削弱他们的工作积极性。

（3）迁就的方式：迁就的方式就是合作的、不坚持的行为。迁就表示不自利，表示鼓励他人与自己合作，或服从他人的意愿。迁就一般会给别人留下好印象，但也经常被看作软弱、谦恭。

（4）协调的方式：协调的方式是合作的、坚持的行为。协调方式表达双方共同缔造最好结果的愿望，是人际冲突的双赢方式。采用这种方式来解决冲突的领导者认为冲突是自然的、有用的，如果处理得恰当，甚至会导致更有创造性的结果。

（5）妥协的方式：妥协的方式介于合作与坚持之间。退一步海阔天空的心态是这种方式的基础，冲突双方的让步行为使冲突得到一定程度的解决。

这"五种"对待冲突不同的态度和行为取决于领导者的个性和组织的内外环境。那些善于处理冲突的领导者就是知道在什么样的情况下应该以合作为主，在什么样的情况下以坚持为主。理论上虽然提供了清晰的界限，但在实际操作中要完全依赖于领导者的判断。

尽管我们可以更加积极的态度去认识冲突，但冲突毕竟会对组织产生影响。不能控制好管理冲突，组织整体绩效就会受到影响。对于冲突管理，领导者需要特别注意两个问题：一是积极的建设性冲突需要营造特定的组织氛围，它是以合作为前提的，也就是说，冲突是为了更好地实现目标；二是组织成员必须对自己在组织中扮演的角色有清楚的认识，角色越界是许多冲突的根源。

本章小结

　　如果领导者能将组织内部的硬件、软件建设好，并积极管理好人际冲突，和谐的环境就将成为领导效能的最大保障。环境让一切美好自然而然发生，也会在一定程度上抑制对于领导效能的消极因素。因此，领导环境的建设对于领导者来说是"磨刀不误砍柴工"，是实现事半功倍的必要条件。

第 8 章

组织变革

领导与管理的根本区别就在于领导者拥抱变化，他们不仅敢于面对变化，甚至创造变化，他们深知只有积极进行组织变革，才能建立起长久的组织与环境的良好关系。尽管组织变革总让人激动不已，但成功的组织变革还是不容易达成的。领导者必须缜密构思，把握好变革过程中的动力和阻力。需要特别强调的是，在变化的环境下，领导者还需要做好修复的工作，它不仅是变革，而且还是持续变革的基础。

组织与环境的三个基本动作

组织是环境中的存在。这里所说的环境是笼统的，可以简单定义为组织之外的各种要素，包括社会环境、经济环境、自然环境、法律环境等。在生存和发展过程中，组织必然要和环境发生关系，而这些关系就建立在三个基本动作之上。

1. 创造

组织可以创造一个之前并不存在的环境。这种情况突出表现为商业组织为社会提供一种崭新的产品、服务或商业模式，例如智能手机。创造一个独特的环境是令人激动的。开拓一个前所未有的领域，不仅能够赢得社会尊重，也能够获得巨大利润，市场对于创造者通常是慷慨的，营销中的撇脂定价就是以创造环境为前提的。

创造环境的前提是创新。从实践的角度看，创新并非天马行空的奇思妙想，而是通过新行为创造价值的实践。既然创新是基于价值的，那么对价值的深刻认识就是创新的前提，这就意味着创新者必然对某个领域有着深度了解。就像牛顿，如果不天天思考问题，也不可能激发出灵感来。"渐修顿悟"是对创新比较准确的描述，创新需要大量的、长时间的积累，那些浅尝辄止的"新意"或"点子"无法带来真正的价值。

不得不说，创新也是需要运气的。有关创新的方法应用到真实的创新场景中却是另外一种情况。因为创新尤其是颠覆式创新，常常并不是按照人们后来总结的原则来实现的。灵感和幸运的眷顾为创新带来了神秘，这就像苹果砸中了牛顿。

正是因为这样，创新才让人着迷。有创新并不必然意味着商业成功，它还面临着被模仿的挑战。对于中小企业来说，由于缺乏足够的资金实力、市场运作能力、大规模生产能力等，无法为创新建立起相应的战略壁垒。实力更加强大的大企业只需要通过模仿甚至挖墙脚，依托自身更加强大的系统实力，反而能够让一个正在开始的创新迅速地成熟起来。

人们都希望与众不同，但创新的确是一件充满风险且可遇不可求的事情。因此，与其追求不确定的梦幻，不如认真地将日常工作做好。有许多经历百年的中华老字号，并没有将"创新"放在价值观的首位，反而是认认真真地做好平常的事，在这个过程中，创新或许可以自然地生发出来。

2. 选择

市场经济带来的最大变化就是给予了组织选择的自由，无论是经营地点还是市场，对于经营者和资本来说，除非是某些特定的要求，基本上没有什么限制。过去几十年，市场的迅速扩大为企业提供了难以想象的选择空间，这也激发出中国企业家试图建立商业帝国的雄心壮志。一家房地产公司，还可以从事百货、旅游，甚至还可以在跨界思维的引导下进入完全不相关的领域，例如医药、汽车等。巨大的市场让各个领域都充满了机会，那些有着特殊资源的企业家很容易产生"赢者通吃"的心理状态。很多企业就是在市场诱惑下一步步走上多元化经营。

不过，选择带来的多元化经营，一方面能够给企业带来综合收益，但也意味着企业不得不面对风险。在风险管理方面，最经典的一句话是：不要把所有鸡蛋放在同一个篮子里。这是1981年诺贝尔经济学奖得主詹姆斯·托宾（James Tobin）给出的投资金句。托宾的意图非常明确，通过分散投资来降低风险。大多数人只知道前半句，却不知后半句：但也不要放在太多的篮子里。加上这句话，你就知道这位经济学家的建议也很无奈，因为谁也没有办法告诉你应该放进几个篮子里。160年前的钢铁大王卡内基选择了一个篮子，只不过他加了几个字：看好这只篮子。

企业的成熟表现为对于环境的选择。从外部机会拉动到内在能力推动，中国企业正在进行着从机会主义到能力主义的嬗变。在这样的理念下，企业基本上没有什么选择，或者选择不像人们想象的那样多。对于一个在某个领域深耕多年的企业来说，认真地聚焦于一个领域，不断积累这个领域的专业知识才是最为理性的选择，这就是波特所提出的"集中战略"。

那些能够百年传承的家族企业似乎都是聚焦于一个产品、一个市场，并没有将经营的触角延伸到自己并不熟悉的领域。这当然可能会影响到组织规模的扩大，或者资金的更大积累，但也在一定程度上控制了风险。**自律，才是真正的自由。面对眼花缭乱的选择时，坚守就显得更加珍贵。**即使再"多元化"，恐怕也要与自己曾经积累和擅长的领域密切相关。

3. 适应

企业管理者必须根据环境的要求来调整自己，从而更好地适应环境。

科特在研究企业组织变革失败时，特别强调了组织对于变革的紧迫感，而且分析了组织缺乏变革紧迫感的关键在于组织弥漫着自满的意识。曾经的成功与取得的业绩反而成了消极因素，使组织沉浸在过往的胜利中无法自拔。过于自我的企业家有时候会有一种错觉，就是希望环境能够为自己量身定做，他认为让他舒适的区域才应该是环境的基本状态，如果环境对他不友好一定是环境出了问题。甚至，有些组织还会产生一种想法：环境应该为它做出调整。就好像一位驾驶者，即使在一条笔直的高速公路上，握着方向盘的手也总是在轻微地调整着。企业家就像司机一样，也必须时时调整组织，以便更加符合环境的要求。

适应：相较于创造和选择，似乎是一个技术含量低的工作，是一项很容易完成的任务。或许正是因为这样的"轻敌"，才会让组织适应的行为常常无法取得预期的结果。事实上，适应环境是非常具有挑战性的任务。首先，组织必须对环境有充分的认识，组织不仅是对当下情况的清醒认识，还包括对于未来变化的洞察。其次，要对自身与当下环境的匹配状态有充分的认识，这突出表现在：顾客还是一如既往的满意吗？市场份额变化背后的主要原因是什么？产品或服务还能满足顾客的预期吗？等等。最后，匹配不是简单完成的，在这个过程中不可避免地会出现很多冲突，甚至是对企业原本价值观和基础理念的挑战。就像当年戴尔电脑在组织变革时，戴尔坦承曾经带给企业巨大成功的直销模式"只是一种经营方式，不是我们的信仰"。

当然，组织对于环境也不全然只是被动地适应，也会提出要求甚至改变环境，就像前面所讨论的"创造"。从这个意义上说，组织与环境在本质上存在共同演进的互动关系，在这个过程中，环境提供了组织存在和发展的条件，而组织也在适应的过程中影响着环境的变化。但在这两者的关系中，毫无疑问环境是居于主导地位的。权变理论特别强调组织和环境的匹配，该理论认为所谓最佳的组织方式无非是与环境能够相得益彰的组织状态。其中的代表人物伯恩斯（Burns）和斯托克尔（Stalker）将组织分为机械性和有机性两种形态，并认为机械模式的组织适合于稳定的环境，而有机模式的组织适合于动荡的环境。当然，实际情况要远比这种两分法复杂得多，但有一点是肯定的，组织必须建立好自己的认知前提：适应环境而不是要求环境。

随着易变性、不确定性、复杂性和模糊性的增强，环境的巨大变化为组织适应提出了更大的挑战。适应环境要求组织领导者既能够盯着市场，洞察市场的种种变化，又能够对组织状况有全面的掌握。组织所做出的种种"适应"行为都可以被定义为组织变革，大到公司战略调整，小到个别岗位的职责划分等。由此，千万不要认为适应就是一个简单的任务，从某种角度看，这是一项更加艰巨的任务。

成功组织变革的关键要素

"唯一不变的就是变化。"组织变革：在学术界和实践界都得到越来越多的关注，不同的学科也会对变革有不同的解释。变革是领导的底色，变革造就领导，领导也会制造变革和引领变革。另外，从领导环境的角度看，领导者可以通过组织变革来建设和营造一个有利于领导的内部环境，从而保障和放大领导效能。

1. 组织变革的基本模型

关于组织变革的过程，行为学家和心理学家曾提出过很多模型。勒温认为组织变革应该包括三个步骤：解冻、改变、再冻结。他指出这个过程就是一个由准备改变到实地变革再到组织稳定的过程。麻省理工学院施恩（E. H. Schein）教授曾经提出了组织变革的"六个"步骤，具体如图8-1所示：洞察内外环境变化；引进有关资料研究变革；采取行动，实行变革；防止副作用，稳定变革措施；输出变革成果（产品及服务）；再次洞察内外环境变化，如图8-1所示。

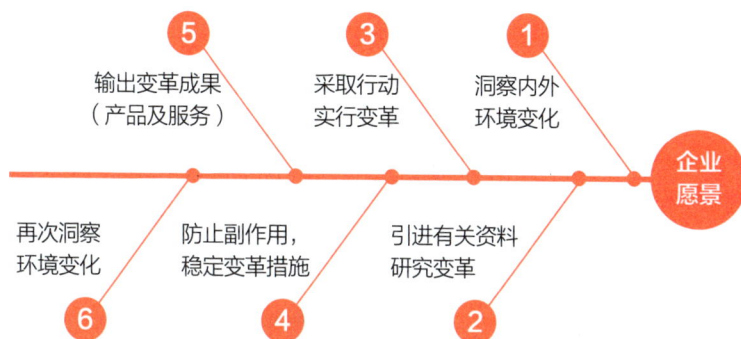

图8-1　组织变革模型

在组织变革的各种模型中，最具代表性，也产生了最广泛影响力的是哈佛大学商学院约翰·科特（John Kotter）教授提出的模型。他认为尽管领导层都不拒绝讨论组织变革，但是真正能够把组织变革成功完成的并不多。在提出组织变革模型之前，他首先总结和分析了组织变革中经常出现的"八个"错误。

（1）容忍了过分的自满情绪。在公司各级管理人员和员工对出现的问题还没有清楚的认识，他们的心目中还未形成高度紧迫感的时候，就大刀阔斧地开始实施改革举措。

（2）未能建立一个强有力的联合指导委员会。在成功的变革中，总裁、部门经理或部门主管，另外再加上 5 位、15 位或 50 位决心致力于改善公司经营状况的人会组成一个委员会。在这个委员会的强大领导下，企业才能够有足够的力量去战胜各种惰性因素。

（3）低估了愿景的力量。没有为组织变革确立愿景。

（4）传播愿景的努力打了大折扣。即使有了愿景，它们也仅存在于公司的高层，没有成为组织广大成员的共同愿景。相比于传播愿景，公司高层往往热衷于付出更多的努力去设计愿景。

（5）对阻挠新愿景付诸实施的障碍听之任之。

（6）未能创造短期的收益，无法激励员工进行更深入的变革。

（7）过早宣布获得成功。过早宣告胜利就等于过早地终止了变革。

（8）不重视如何使变革意识牢牢扎根于企业文化中。

他认为：企业在变革过程中，只要犯了其中一个错误，就有可能产生严重的后果。针对上述"八个"错误，科特进一步发展自己的思想，出版了专著《领导变革》，提出企业在进行重大组织变革时，需要认真考虑以下步骤：

（1）营造紧迫感：营造紧迫感对促使各方给予合作是至关重要的。如果自满情绪非常严重，变革通常不会取得任何成果。如果没有形成足够的紧迫感，就很难建立一个强有力的、使人们信服的变革指导委员会，并说服一些关键人物花费必要的时间构思变革的愿景，随后花时间大力宣传。

（2）建立联合指导委员会：由于重大变革都会遇到难以想象的阻力，因此要想使这一进程坚持下去就需要有强大的推动力量。

形成正确的愿景；广泛传播，让大量的人了解并接受它；消除变革道路上的主要障碍；带来短期的收益；正确引导并管理变革计划的实施；让新的方式方法扎根于企业文化之中，所有这些活动单枪匹马是绝对做不到的，即使他是一家企业的董事长，也无济于事。

（3）提出愿景和确定战略：愿景将帮助指导变革的方向，而战略则描述了实现这一愿景的步骤。

（4）传播变革愿景：只有在参与这项事业或活动的大部分人就所要实现的目标和行动的方向达成共识时，愿景所真正蕴含的力量才能得到释放。让人们了解并决心致力于一个新的发展方向绝不是一件简单的事，这需要变革委员会进行大量的传播和强化。

（5）授权各级员工采取行动：尤其是鼓励冒险和员工中反传统的观念，支持员工创新的行动。

（6）创造短期收益：短期的业绩改善在促进变革方面具有以下作用：它对变革计划具有肯定的作用，向人们表明他们所做的牺牲已经开始收获回报，组织也因此变得更加强大和有力。对于那些推动变革的人来说，这些小小的收益能够带给他们一个喘口气庆祝一下的机会；创造短期收益的过程有助于联合指导委员会在具体的实践中检验变革愿景；迅速取得短期收益会挫败那些玩世不恭和顽固地抵抗变革的人；明显的收益也有助于获得最高管理层更多支持；短期收益能够产生必要的推动力。

（7）巩固成果，深化变革：利用已得到加强的信誉，改变互不相容和不符合变革设想的制度、结构和政策；雇用、提拔和培养能实施变革设想的人。要不断地将新计划、新观念和革新人物注入企业中。

（8）使新的工作方法在企业文化中制度化：明确新行为同企业获得成功之间的关系，并采取措施加强对领导者的培养和解决领导者接班人的问题。

科特的变革模型是被广泛接受的。虽然说这"八个"步骤提供了组织变革的流程，但在具体实施时更像是一个提示性的清单，提醒领导者在组织变革过程中不要遗忘一些关键内容，以便组织变革更加顺利地进行。

这里需要特别说明的是：对一些涉及企业重大发展的组织变革，企业通常会聘请外部的咨询公司介入变革的过程。外部咨询公司掌握了专门的管理工具和管理方法，这些正是企业特别需要的，也能够帮助企业解决内部人能力欠缺造成的问题。不过，对外部咨询专家的意见也要特别谨慎，如果咨询公司对问题的认识不够深入，投入的时间和精力不够，也常常会产生认知偏差；咨询公司还会存在简单地将其他公司的方案复制过来的情况，缺乏足够的针对性；咨询毕竟属于商业行为，对于甲方的迎合，也会影响咨询方案的效果。总之，聘请外部咨询公司是一个需要特别谨慎的决策，盲信和质疑都会影响推动组织变革的效果。

组织变革虽然已经成了许多领导者的口头语，具体实施起来却不容易。领导者必须有足够的思想准备。尽管可以通过精密的程序推动变革，但领导者仍将面对非常大的压力，这可以从古今中外流传的各种变革的故事中感觉到。尤其是那些涉及组织战略、组织结构等重大问题的变化，不仅会给组织成员带来很大的不适，甚至是痛苦，而且会给组织带来巨大的震荡，领导者必须非常清醒地分析和把握变革中的关键，努力将组织变革引向期望的方向。

组织变革的动力和阻力

为了使组织变革能按照既定方向发展，领导者需要给予组织动力，同时对阻碍组织发展的阻力也必须有清晰、正确的认识。动力是推动变革的，但阻力也不一定是坏事。事实上，任何变革都是会有阻力的。

组织变革的动力主要包括外部动力和内部动力两个部分。

外部动力就是组织外部环境各种变化所产生的推动力，它包括技术的、经济的、法律的、竞争者的等各方面因素。外部科技的飞速变化会对组织技术创新和产品更新的速度有所要求；经济的萎靡状态影响企业所处的市场环境，进而要求组织控制成本并进行相应的组织设计；新的法律法规不仅对企业的行为提出了新的要求，而且极大地干预了企业既有的习惯；竞争者的变化会给企业带来巨大的压力，这往往是变革的最直接动力来源。

内部动力就是组织内部各个系统的变化所产生的推动力。如组织价值观的重新调整必然会引起组织目标的变化，进而影响人们行为方式的变化；组织引入新的技术、工艺等对于工作者来说意味着工作方式的变化；组织重新梳理战略方向自然会对组织结构提出新的要求，继而对新的部门职责进行调整；领导者的调整也会给组织内部的人事体系、决策系统带来改变等。

有动力就一定有阻力。一个组织的调整尤其是较大规模的组织，就像一艘庞大的舰艇，它的转向其实自然会遇到很大的挑战。一般来说，组织变革的阻力来自两个方面：一方面是组织层面的，另一方面则是员工层面的。

组织层面的阻力主要表现在：现有组织结构是组织层面阻力的主要来源，已经形成的固有的责、权、利关系像一堵无形的墙，触动既得利益者的领域将会遭到非常强烈的反弹；多年经营后，组织会形成流程惯性，一种基于过往经验的约定俗成会阻碍企业获得新的知识和新的技能；企业最高领导层通常也会带来强大的阻力，领导班子如果不能取得一致意见，有些人明确反对组织变革，有些人虽不反对但也不支持，这都会产生阻力。

员工层面的压力主要表现在：如果组织变革在微观层面会涉及个体的行为改变，哪怕是很小的行为改变，也会遇到来自员工层面的抵触；在稳定的职业生活中有一种安全感，当组织变革开始进行时，人们会因为即将产生的变化而内心忐忑不安；员工工作岗位、工作职责的变化使一部分人留恋过去的人际关系，对新的人际关系不能适应；组织变革如果涉及员工收入的变化，无论是涨工资还是降工资都会造成员工内心巨大的心理波动。

变革的动力或阻力实际上反映了人们对变革的两种不同态度。任何变革无一不是在动力与阻力的对立冲突中产生，并在这两种力量的"此消彼长"中前进。如果处理不好两者的关系，本着美好愿望的组织变革结果往往会不尽如人意。

为了更顺利地变革，更有效地实现目标，领导者必须赢得最广泛组织成员的支持而不是一个人单打独斗，因此领导者必须认真面对并处理好以下"三个"问题。

1. 变革行动是什么？

当组织成员不理解变革的目的、原因、具体步骤的时候，他们不会成为变革的支持者。变革领导者要设计一个周全、清晰的行动方案把变革行动解释清楚，尽可能地打消人们的顾虑或畏惧。行动方案一定要说明组织变革后的情形以及通过怎样的努力达成。同时，变革领导者还要就行动方案进行大量、精确的公开沟通。公开沟通的目的是要对组织成员传递统一、准确的信息以消除谣言，"以讹传讹"会增强变革阻力。

2. 变革行动可信吗？

人们了解了变革行动后，自然就会想：这个方案可信吗，可以带来成功吗？变革领导者如果不去注意这种想法，变革中的观望者就会增加，而观望者中的许多人很容易在变革遇到小的挫折后成为反对者。变革一旦上路，使观望者成为支持者便成为变革能否持续的关键，核心问题就是变革领导者是否有具体的行为来立信。真正能起到立信作用的往往是变革初期的小成功。这些小成功是真实的，它在为组织成员带来收益，它在说服组织中的怀疑者。

3. 变革有什么好处吗？

为了使变革能够按部就班地进行下去，领导者需要非常清楚地告诉组织成员：变革是能够给他们带来好处的。每个人对变革方案中存在对自己的利益和风险都会做出判断并形成自己的预期，这个预期与目前情况的对照会直接影响到他在变革中的行为。人们对利益的感知的强烈程度明显地受到他对该利益预期的影响。如果说他预期的利益比实际得到的利益高，他就会感到自己是受害者；如果他预期的利益比实际得到的利益低，他就会感到是受益者。不过，需要特别注意的是，受益者未必是变革中的积极支持者，受害者常常是变革中的积极反对者。

推动组织变革以适应外界环境的美好愿望能够顺利实现，很大程度上取决于领导者对变革动力和阻力的判断和引导。**增强动力化解阻力的过程就是在营造有利于领导的内部环境**。优化环境的组织变革不会是一帆风顺的，领导者只要勇于面对现实并持之以恒，变革的愿景总是会实现的。

组织修复

军事理论家卡尔·冯·克劳塞维茨（karl von Clausewitz）在《战争论》中曾明确指出："间歇和停顿是军队的基本状态，而前进却是例外"。类似军事上的修复，在企业管理实践中也常常可以看到。一个经营周期下来，企业的经营版图会发生种种变化：在某些领域获得了竞争胜利，扩大了市场份额；在某些领域可能一败涂地。对扩大的市场必然要想如何稳定地占有，而对有问题的部分也要思考未来的出路。总之，需要认真地整理一下行装才能更好地继续发展。从这个意义上说，修复既是一种变革方式，也是变革的必要准备。

我们的身体每天都在进行着修复。人体的这种自我恢复本能可以让机体保持良好的状态，"不会休息的人，就不会工作"，无疑是在强调修复的价值。但是很遗憾，就好像年轻人对于休息总是不屑一样，有些组织，尤其是初创型组织或高速成长的组织，最高领导层也常常忽略修复。自上而下都很"拼"，快节奏、高目标不仅让人们在各方面都在透支，也让组织这台机器在不间断的运行中常常陷入左支右绌的窘境。

为了更有效地适应变化，组织需要积极作为，将自然而然的修复行为提升到战略层面，通过一系列活动或行为，使组织得以恢复并保证系统的完整和运行的有效。组织可以从以下五个方向，更为主动地进行具有优先等级的组织修复。

1. 方向的梳理

首先，也是最为重要的组织修复问题就是对战略方向的梳理，这将影响到未来的其他更为具体的修复行为。如果把经营活动视作一种探索，那么各种反馈回来的信号就给出了组织修复的方向，企业可以通过强化、调整和放弃等手段来梳理未来的战略。

（1）强化：一个经营周期下来，如果组织取得了预期的效益，那么战略方向就能得到各方的支持。企业经营没有实现预期，甚至与预期的差距相当大，这时最容易出现的就是对战略方向的动摇。通过客观理性分析，决策层可以统一思想，坚定信心，这样的修复对于未来的战略执行更是至关重要的。

（2）调整：亨利·明茨伯格（Henry Mintzberg）曾经明确提出了经营过程中"涌现的战略"。在执行过程中，根据环境变化，组织有意识地在实际日程表中接纳了一些新的战略。这些后加入的战略和之前设计并经过实践过滤的战略就构成了实际发生的战略。变化的环境不允许企业一成不变，随机应变本身就包含着一种积极的接纳。例如，华为在发展过程中经过几次重大的战略调整：业务调整，从产品走向了解决方案；市场的调整，从国内走向国外；客户的调整，从大 B（运营商）到小 B（行业客户），最后到 C（终端消费者）。

（3）放弃：如果有些战略的确与经营环境的变化有相当大的出入，一味地坚持只会带来更大的损失。放弃既定的战略并不是一件容易的事，尤其是对那些曾经狂热支持战略的决策者来说。对战略方向的放弃，尤其是涉及重大转折的战略方向，更是挑战当事人的勇气和智慧。从某种角度看，对战略方向的放弃是最大的修复。

2. 平衡的能力

一支部队刚刚完成了沙漠任务，就被派遣去热带雨林作战，环境的变化要求部队必须重构能力。组织修复可以说正是这样一个关键节点，不仅可以让组织能够重新思考未来所需的能力，同时也让组织做好调整能力的准备，然后通过相应的取舍来进行能力切换。

一个组织不能迷恋于已经累积的能力和取得的成绩。否则，长期下来就会出现组织能力的长短板。就好像孩子偏科是不好的，公司能力表现出明显的短板自然也会影响组织的长远发展。但是对于组织能力的长短板，却有不同的声音：有些人认为要补足短板，有些人认为要发挥长板。组织修复倡导的是一种更为平衡的状态：长板不能只用不维护，短板更不能弃之不理。

一个企业的发展必须基于综合平衡的理念，这里将"平衡计分卡"的思想引入到组织修复的过程中。在组织修复的过程中，企业倒不必纠结于卡普兰和诺顿所提供的平衡计分卡中的具体内容，如果只是机械地将财务、顾客、内部流程、创新与学习等内容套用到自身具体的战略情景中，大概就失去了平衡理念的最大价值。企业完全可以基于自己的战略需求，提出适合自己未来发展的平衡能力，这才是问题的关键。另外，能力的平衡建设还要实事求是，不能自欺欺人，不承认短板或是掩盖短板、讳疾忌医，只会让修复大打折扣，甚至还会出现错误的修复。

3. 配速的掌控

有经验的马拉松跑者都知道保持稳定的节奏是取得良好成绩的重要前提。配速是跑步者通过有意识地配备资源以保障合理速度。配速强调了速度的合理性。对长跑没有概念的运动者，一上来速度较快，大致不到一公里就会感到心肺系统无法支撑。这时候虽然大脑理性上想继续，腿脚也都完全没有问题，但是心肺已然超负荷。如果继续坚持，恐怕就要发生事故了。

将人的身体与企业做一个类比：大脑相当于决策系统，心肺相当于中层管理系统，四肢相当于销售、制造等执行人员。当大脑做出决策后，四肢已经蠢蠢欲动，而负责整个组织资源调配和能量供应的中层管理系统还没有开始相应地运转，必须给它一定的时间，才能充分催化、调动和运输蕴含于体内的各种资源，如果强制它立刻进入从来没有过的快节奏，组织瘫痪和崩溃就随时可能发生。

经营管理既然是一个长跑，企业领导者就必须认真思考从战略层次上合理地配置资源，为企业建立一个合理的配速，才能够让企业走得更加平顺和长久。稳定的配速带出了跑步的节奏，这不仅帮助跑者节省了体力，也能够更好地控制运动风险。节奏被打乱的原因除了跑者自身身体突发状况外，更多是来自外部的干扰。外部干扰就是在考验跑者的定力。近些年很多"明星企业"的表现充分印证了这一点：外部市场的诱惑、投资人的要求、公司决策层的狂热等打乱了企业既定的运行节奏，带偏了正常的节奏，骄人的业绩也只是"昙花一现"。

组织要想实现有效修复就必须严格地调控速度，并以此来衡量外部机会的价值。任你千变万化，我自有一定之规。所谓"正念"，强调的正是这一点。

4. 队伍的重构

部队的整编常常是因为经过一场战斗后不可避免地出现减员，重新将队伍编制建立起来以保障未来战斗力是极为必要的。组织经过一个经营周期，也会出现人员的流动，如人员离职、内部流动、退休等。人员不整不仅会损伤战斗力，而且也会让既有人员承担起不必要的协作责任。将经过专业培训的后备人员迅速补充到位，对于组织战斗力和员工士气的恢复非常重要。可以说，人员补充是组织修复最直观的表现。

如果说人员补充是队伍重构的基本动作，那么高难动作就是发现那些表现不好的"将领"。队伍重构的关键问题是个别领导者的更换。这不难理解，看看职业足球俱乐部的运作就知道，当俱乐部准备对球队进行重建时，常常会更换球队主教练。大量事实表明：更换那些球员意见比较大的主教练，经常能够起到立竿见影的作用。从组织成员的角度看，个别领导者的更换会使既有的情绪、冲突等被暂时搁置。对那些绩效不理想的队伍来说，领导者的更换常常有"换人如换刀"的效果。

此外，有效的重构还需要做好"两项"工作。一项是工作分析，企业需要根据未来的任务重新建立编制体系。"定岗定编"，这是组织的基本任务，也是组织效益和效率的根基。另一项工作是在人员盘点的基础上，围绕具体任务进行人员重新匹配。一支"七零八落"的部队在进行修复时，最直接的方式就是让人岗匹配起来。从数量到质量，人员都应该满足岗位的要求。当然，也可以根据实际情况对岗位进行调整。有些岗位可以裁撤，有些岗位可以合并，有些岗位需要增加等。盘点就是摸清"家底"，知道目前或下一个经营周期的人员的基本情况。在了解了人员的具体情况后，各部门、团队等经营单元就要围绕着未来的任务进行人员优化。领导者要了解，这个过程会是比较艰巨的，要做好必要的思想准备。

5. 情绪的中和

组织氛围是一个很难界定，但是每个成员都能明显感受到的一种状态。人们也常常会有这样的直觉：今天感觉整个部门的气氛不太对。组织氛围与绩效密切相关，例如足球队的表现常常与更衣室的氛围有关。

组织修复的一个重要任务就是中和人们的情绪，通过积极的干预，既可以让人们在沮丧中振作起来，看到未来的希望；也可以给过热的情绪降降温，不至于让"狂躁"干扰了正常判断。

如果说妄自尊大的自负和妄自菲薄的自卑是情绪的两端——基于自负的情绪，骄傲的员工不仅不愿意学习进步，而且更不愿意看到或承认行业领域的变化；基于自卑的情绪，怯懦的员工不敢面对竞争，也让本来优秀的产品方案大打折扣——那么，组织修复的目的就在于回到正常的自尊、自若水平。

管理学研究中的经典霍桑实验也充分说明：与冷冰冰的机器设备不同，情绪对人们的表现有着巨大的影响，个体的情绪又会影响到群体的人际关系，并继而影响组织的整体表现。领导者需要让人们的情绪保持在一种中和状态下，使自上而下的组织成员都能够保持对局势的冷静判断，并做出合理的决策。

对于组织领导者来说，一方面，可以通过制度性的会议、讨论会等了解组织员工的状态；另一方面，领导者也可以直接走进办公现场，也就是人们常说的"一竿子插到底"，通过观察、谈心等方式直接掌握员工的心理状态。总之，准确地把握员工情绪，领导者就知道该采取何种干预手段，让大家既不盲目自信，也不过分自卑。

对于制造型组织来说，生产的状态很大程度上取决于对机器的维护和保养，这样不仅能保障机器日常的正常运转，也能够延长机器的寿命。从战略层面上认识到修复的价值，从无意识的被动行为转变为有意识的主动行为，组织修复将能够让组织更健康、更有生命力。

本章小结

　　在当今社会，领导者需要不断地带领组织做出调整以适应新的环境要求。但是，组织变革终究是一次"跳跃"，并不是一件容易的事情，领导者真的需要把握好变革运作的方向和动能。不要小看了组织修复，修复的状态决定了我们是否在"满格电"的情况下开始一段新的旅途，从而降低"里程焦虑"。

第9章

领导开发

领导者需要伴随组织的发展而成长。来自组织的、有计划的培养能够使领导者的成长更有效率，也更符合组织的要求。对于组织来说，一个领导者再怎么优秀也是不够的，它必须建立起一种机制，使得有效的领导能够在组织内部扩展开来。同时，也期望有效领导能够完成代际的传承，这种空间和时间上的扩展就是领导开发。站在组织持续发展的角度看，领导开发是组织可持续发展的根本命题。

领导者职业生涯发展

科特这样归纳了领导者职业生涯：但凡成功的领导者，就其事业的发展来看是一个建立权力基础、保持这种权力和最后让出权力的过程。他将领导者职业生涯分为"三个"阶段，并说明在不同阶段领导者角色的差别：在领导者职业生涯早期，大多数人在步入企业之初只有极少数权力源，职业生涯初期的中心任务应该是建立必需的权力基础；那些在职业生涯初期打下坚实的权力基础的领导者，职业生涯中期正是他们发挥巨大影响力的时候；到了职业生涯晚期，领导者的主要职责是找到继任者，做好权力的顺利移交。

当然，领导者职业生涯发展首先要基于一般意义的职业生涯规划。施恩教授在《职业的有效管理》一书中提出了职业发展观。他认为：企业必须对员工的职业生涯进行有组织的规划，积极平衡组织、社会的需要与个人的需要。只有这样，才能达到个体和组织双赢的最终目的。施恩教授的职业发展观以时间为顺序，明确了个体在组织中成长的关键职业过渡，个体面对的问题及应该如何积极解决。

百胜餐饮集团是知名的餐饮集团，在全球超过 130 个国家和地区拥有超过 42500 家连锁餐厅。百胜餐饮集团旗下肯德基、必胜客和塔可钟三个餐饮品牌，分别在炸鸡、比萨、墨西哥风味食品连锁餐饮领域具有较高影响力。截至 2023 年底，百胜集团在中国大陆 1300 多个城市和乡镇拥有超过 10000 家肯德基餐厅，3000余家必胜客欢乐餐厅。百胜中国已经成为百胜餐饮集团旗下在全球业务发展最快、增长最迅速的公司。

百胜餐饮集团有非常规范和清晰的职业发展通道。将员工发展具体到月和周，并辅以必要的培训计划，让员工对自己的发展有更明确的认识，在起到激励作用的同时保证员工具备晋升所需的必要技能。百胜中国的职业发展体系更是完备。

百胜中国餐厅管理团队员工的具体发展规划如图 9-1 所示。

餐厅经理

带领餐厅
辅导服务团队
突破销售业绩
展现品牌形象

主要学习内容
管理组绩效
管理组训练和排班
单店行销
对外沟通

E化自学	区经理养成课程	E化自学
管理组排班 管理组绩效 管理组训练 单店行销 对外沟通	餐厅经营管理的本质 餐厅持续发展基石 统领致胜团队	TPWY （自学及AM辅导） 担任RGM半年后

总学习时间：28～42个月 每一环节之间均有测试及补测机

资深副经理

准备带领餐厅
辅导人员建立团队能力
财务管理、创造利润

主要学习内容
利润管理
服务组招募
训练员管理

学习时间：8～12个月

餐厅经理养成 课程课前准备	餐厅经理养成 课程辅导
利润管理课前准备 设备管理3课前准备 经RGM确认后，参加入学考试	利润管理 TQM 优质服务 设备管理3

晋升检定 → RGM

副经理管理餐厅

| 阶段A
预测整合
合理配置
订存货管理 | 阶段B
调整餐厅人力
资源状况发挥
人力资源效能
的最大化 |

主要学习内容

| 阶段A
订货
PM计划
和追踪 | 阶段B
制作招募计划
面试甄选
排班
训练规划与执行 |

学习时间：8～12个月

阶段A：6～9个月　　　　　　　　　　　阶段B：6～9个月

资深副经理养成 课程A课前准备	资深副经理 养成课程A	资深副经理养成 课程B课前准备	资深副经理 养成课程B
订存货管理课前准备 设备管理2课前准备 经RGM确认后	订存货管理 设备管理2 经RGM确认后 参加入学考试	人力资源管理课前准备 外送商圈（选学） 经RGM确认后 参加入学考试	人力资源管理 领导金字塔

PAOT
且通过晋升检定 → 升迁

阶段A、B可互换

储备经理

管理值班
统合综效，推动高标准执行
维持高质稳定的冠军表现
关爱员工，成就顾客满意

主要学习内容
值班管理
PM执行
日/周盘点

学习时间：8～12个月

工作站	副经理养成课程 课前准备	副经理养成课程 品质管理
工作站训练 2～3个月	品质管理课前准备 值班管理课前准备 设备管理1课前准备 经RGM确认后 参加入学考试	值班管理 设备管理 珍惜顾客抱怨 有效沟通

PAOT → 升迁

注：AM（区域经理）　RGM（餐厅经理）　PAOT（参与式行动导向培训）

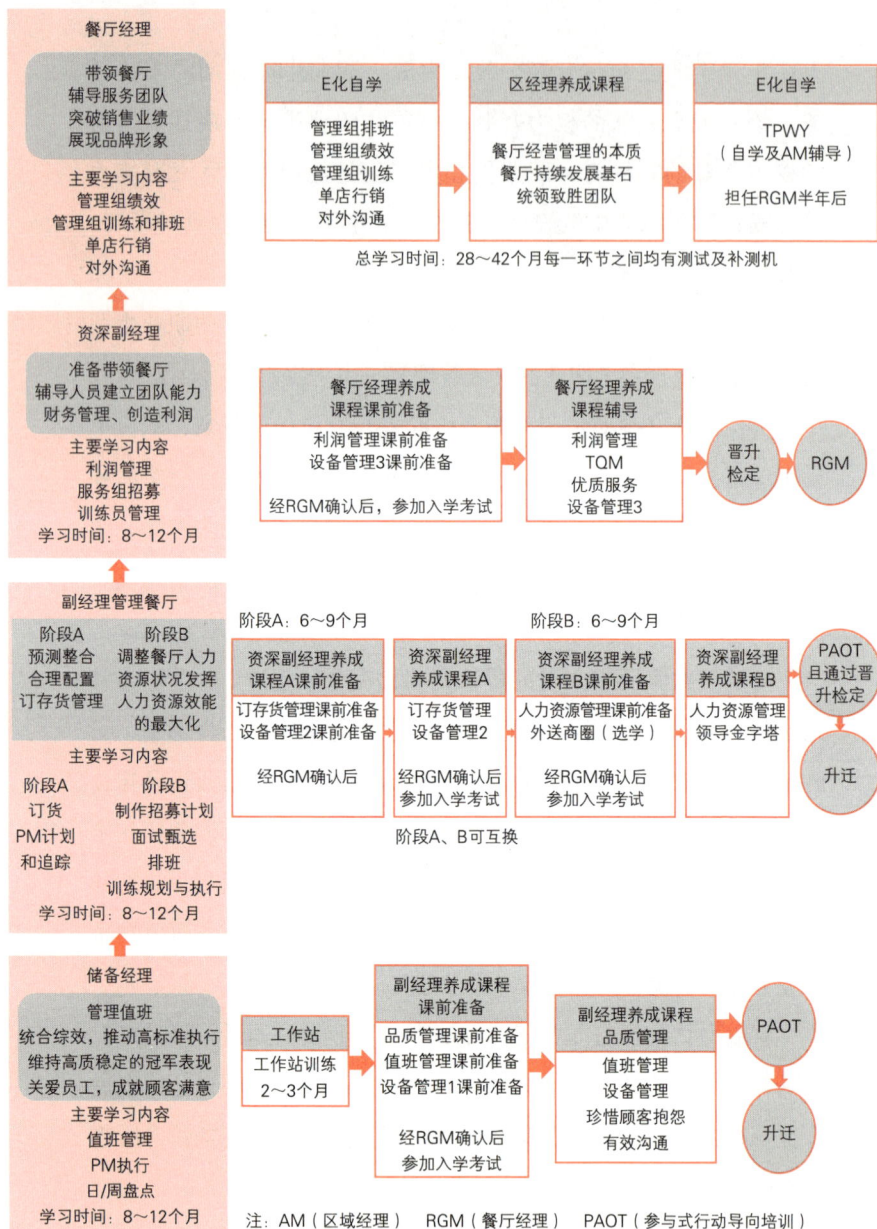

图9-1　百胜中国餐厅管理团队员工的发展规划

160　有效领导

大学刚刚毕业的周婷入职肯德基，就被告知了清晰的成长蓝图，并且被告知如果在培训的过程中有问题和困扰，可以直接寻求餐厅经理和训练专员的帮助。

接着，作为储备经理，周婷学习了一整天有关餐厅和训练的简介。作为基层管理层的培养对象，刚进入公司的时候，每个人都要严格学习工作站（如外场、收银、总配等）的基本操作技能，并通过考试取得结业证书。周婷在熟练员工的指导下开始了工作站的训练。肯德基的产品、服务都有内部标准，工作流程和系统早已规范好。工作站阶段持续了两个多月，这一阶段还包括食品安全以及设备维护保养等方面的训练。

通过理论和生产环境演练的考核后，周婷进入区域管理（包括生产管理、品质管理、收货管理、服务管理和现金管理）的训练。接着，她进入基础值班管理阶段（包括值班流程、实时领导、高效沟通、设备维养、基础案例演练）。再接着，周婷进入进阶值班管理阶段（包括进阶案例演练，处理顾客抱怨、设备维养、入职简介）。

通过考核1个月后，周婷参加了副经理养成课程，包括品质管理、处理顾客抱怨、有效沟通值班管理。入职10个月后，周婷升迁成为副经理，主要接受了订货和排班方面的训练，还开始接受人力资源管理课程、领导力提升课程。训练是将商学院管理学理论与案例和肯德基实际情况相结合，与实际工作相匹配。

餐厅副经理的阶段，周婷进行得很顺利，12个月的时候，由于资深副经理的离职，周婷以比自己预期更快的速度升为资深副经理的职位，这时她已经可以准备带领一家餐厅，并且可以负责餐厅服务组的训练了。在这一阶段，周婷还要负责服务组的招募，还进行了餐厅经理养成课程课前准备，包括利润管理和设备管理。接着，她进行了一次入学考试并顺利通过。随后，周婷参加了餐厅经理养成课程，包括辅导、利润管理、全面质量管理、优质服务、设备管理，通过课后检定后，周婷参加了晋升检定，这让她感到兴奋和激动。

随着职级的不断升高，晋升越来越不容易了。好几个资深副经理同时竞聘一个餐厅经理的位置，周婷在一年内几乎以1.5个月一次的频率去竞聘餐厅经理。在她考虑放弃时，曾经的辅导人劝住了她。周婷决定留下来，机会终于来了，她成了餐厅经理。

成为餐厅经理的周婷已经可以带领一家餐厅了。按照百胜餐饮集团对餐厅管理人员的职责要求，每一位餐厅经理必须熟悉并详细了解餐厅内的全部运作流程，从介绍产品、库存管理，到人员管理、危机处理，以及品质控制和人力成本都要了然于胸，一家餐厅人员基本上是六七十人，营业额高的餐厅一般是一百二三十人，所以一家餐厅就犹如一家小公司，而餐厅经理就是这家公司的总经理。

百胜餐饮集团的企业文化中"餐厅经理第一"是非常有特色和最重要的一条。"餐厅经理第一"，体现了公司一切围绕着一线餐厅服务的思想。餐厅经理在公司里拥有重要的地位，他们是公司成功的关键，这个"第一"的体现并不是通过职级上的特权来呈现，能享有这个第一基于自身的胜任力和主人翁精神。

像周婷一样，餐厅经理会被全面告知公司总体的发展策略和进程，这样每位餐厅经理都能理解和感受到他们是公司业务发展的关键所在。餐厅经理的业绩目标和考核参数都十分明确和清晰，他们不是被动地接受而是可以参与决策，同时意见也会被倾听和重视。餐厅经理清楚了解公司对自己的要求和期望，从而以管理自家店的态度去管理和经营所管辖的餐厅。餐厅经理的呼声能被公司倾听和关注，并能得到公司足够的支持。同样，餐厅经理会接受系统的培训和辅导。餐厅经理会对他们的职位感到骄傲并感受到他们"第一"的位置被很好地认同，通过餐厅经理年会等方式，他们更是会产生一种自豪感和努力向上的劲头。

对于从储备经理发展上来的员工来说，短期目标职位就是餐厅经理。周婷感谢自己当时坚持了下来，这下终于可以大展身手了。

成为餐厅经理后就没有考核检定了，通过在线学习、参加课程和自学，周婷还接受了统领制胜团队、餐厅管理本质、餐厅持续发展等区经理养成课程的学习。回顾自己一路的发展，除了工作技能和能力方面得到了提升，周婷的管理能力、领导力和刚入职的时候相比也有了质的飞跃。她从一个遇到问题就想哭、学生气十足的职场新人变成了成熟、知道如何为人处世的管理者。

百胜餐饮集团拥有鲜明的企业文化，并且通过几十年的探索和发展，已经形成了一套较为完备的职业生涯发展体系，并构建了与之对应的培训体系。像百胜餐饮集团这样庞大的企业，如果没有扎扎实实的管理者队伍的培养和职业生涯发展体系，很难想象这个企业的经营绩效如何稳定地保持。公司通过明确的职业发展地图，让每一个人都清晰自己成长所需要的能力，在公司的配合下，动态有序地发展。

职业发展目标的设定是职业生涯规划的核心。为员工的未来设定一个行之有效的目标，比更高的薪酬更有价值，更能激发员工为组织创造价值的愿望。当员工把工作当作自己的事业时，无论组织提出怎样高的目标和要求，他们都会努力奋斗以达到目标。

职业生涯规划不是一厢情愿的单向活动，而需组织和员工就双方目标展开充分交流。从员工的角度看，职业生涯规划有利于员工明确人生的奋斗目标，激励自己积极去创造条件以实现目标；有利于员工充分发挥个人潜力，为社会、为企业创造出更大的价值；有利于员工积极地提高自己的综合素质，强化职业动力。从组织的角度看，组织应在战略的指导下进行人力资源规划，根据组织未来的发展趋势预测未来人力资源的需求和供给状况，并制定相应的政策和措施。对员工进行的职业规划可以使组织在目前和将来对人力资源的需要得到及时、稳定的补充和满足。

伴随着在组织内的职业发展和职位变化，领导者也在不断经历着获得权力、使用权力和转移权力的循环。相较于管理责任的规范履行，每一次职业生涯的重大变化更意味着领导者面临着新的挑战。这时，组织的系统安排也是对领导者职业生涯发展的一种责任，使他们能够更好地发挥影响力。

领导开发的具体工作

组织战略达成的重要保障来自领导的持续有效性。《剑桥中国史》总结"为什么秦帝国最后能够统一六国"，其中很重要的一条是统治者的长寿。"秦幸运地连续被几个既能干又特别长寿的王所统治，从而给它提供了政治的连续性和稳定性。"支持商鞅的秦孝公统治24年，秦惠文王统治27年，秦昭襄王更是统治长达56年，这些都为后来的秦朝奠定了坚实的基础。

在"家天下"的时代，君主的长寿可以成为帝国政策稳定的一个重要因素，这既是一个事实，更是一个象征，表明了有效领导对于组织的意义。由此推而广之，组织的持续成长有赖于领导者以及领导行为的长期稳定。毕竟一个政策的落实和相应的组织变革等需要稳定的执行才能看到效果，很难想象，一个朝令夕改、管理动荡的组织能够在变化的环境下不断发展。有效领导的长期存在正是领导开发工作的出发点和落脚点。站在组织持续发展的角度，可以毫不夸张地说，领导开发是整个组织的关键战略任务。**组织高层领导者必须认识到：未雨绸缪地思考、设计和执行领导开发工作才能更扎实地将企业愿景一步步地生动化。**

具体来说，领导开发包括传递、传播、传承三个具体工作。

1. 传递：有效领导系统化

领导开发是一种传递，将已验证有价值的内容传递出去。这里，我们使用传递而不是复制，是因为领导开发过程中一定会因为变化的环境而融入新的因素。由于个体的差异，领导复制本身也不会像机器设备生产出来的标准品那样完全一致。

接下来的核心问题就是：领导开发到底应该传递什么呢？或许是因为领导这个概念本身内涵颇丰，使得企业在进行领导开发时常常走入误区，其中最为典型的就是将领导开发简单地等同于领导者培养。这个认识的潜在逻辑是：只要这个领导者本人具有足够的领导能力，那么领导过程和领导效能就会自然得到保障。因此，在很多企业的领导开发项目中，无论是开发的理念、项目，还是具体的课程以及相关的训练都聚焦于如何有效地将领导能力传递给继任者。这样的领导开发体系是容易设计和执行的。一批批干部经由各种培训班被训练出来，领导开发的成效似乎非常明显。但大量事实告诉我们：将有效领导单纯地寄望于领导者自身的能力是非常不严谨的。

正如我们特别强调的：领导是一个系统，如果期望能实现领导效能的最大化，组织需要有计划地强化有关领导的各个要素。这就意味着，领导开发其实应该是领导者、被领导者、环境、影响方式这四个基本要素的组合。

传递过程中不可避免地会发生领导者更替，这本来是非常正常的情形，但人们还是常常会发出"一朝天子一朝臣"的感叹。但仔细想来，这难道不是一种事物发展的必然吗？它从另一侧面透露出领导开发的系统观点并提醒人们应更战略性地提前布局领导开发项目：领导者的更替必然会带来对组织目标的不同设定以及实现目标理念和方法的差异，这需要不同的系统予以支撑。从这个意义上来看，领导开发是前述四个要素的再次组合。

这里需要特别说明的是：虽然有关领导总有一些规律性的总结，但对于每个组织的有效领导都多少带着一些特殊的色彩。当以系统的眼光来看待领导时就不难理解国企、民企、外企等领导方式的差异。这是因为由领导者、被领导者以及特定领导环境所造就的领导行为一定是权变①的。认识到这一点，企业组织才会立足自身、总结自身，而不是简单地照搬照抄其他企业的成功经验。

---

① 权变理论（Contingency Theory），又称情境理论，即领导的有效性不是取决于领导者不变的品质和行为，而是取决于领导者、被领导者和情境条件三者的配合关系，即领导有效性是领导者、被领导者和领导情境三个变量的函数。

以系统化的视野思考领导开发问题，并采取更加全面的手段来将有益的领导组合传递下去，同时再纳入新的要素，从而以新的领导组合来保障领导有效性。当然，在整个领导组合中，领导者个体仍然是最重要的因素，领导开发也通常显性而直观地表现为领导者培养。通过有效的领导者培养，从而带动整个领导系统的整体优化。

在领导者培养方面，大致包括两方面的内容：同一时间在组织内将证明有效的领导在更大范围内进行横向传播；同一位置尤其是组织最高领导层在时间发展中的纵向传承。

2. 传播：各层面的有效领导

将一种有效的领导方式在组织的各个层面进行传播，这就是领导开发横向发展的工作。这项工作需要首先基于这样一个认识：必须承认组织各个层面都需要领导者。也就是说，领导力并非仅存在于高层。在不断变化的环境中，为了保障组织绩效，组织的各个层面都需要发挥领导力。

组织中的高层管理人员，由于他们所处的位置，容易产生影响力，因而经常被人们视为"领导者"，在日常工作中人们也常常用"领导"来称呼中高层管理人员。但如果按照规范的有关领导的定义来衡量组织中的中、高层管理人员，不难发现很多人并不是真正意义上的领导者，而只是管理者。在组织基层，也不一定没有领导者。有些人能够在自己的岗位上，工作积极主动并运用自身影响力来推进任务的进行，而不是仅仅等候来自组织体系缓慢的运转。因此，通用电气前董事长杰克·韦尔奇说：领导的力量散落在组织的各个角落，组织中的每一个成员都有领导的机会。著名领导学研究学者科特在其著作《变革正道》中特别强调："最高管理层最重要的任务之一是创造越来越多的条件，鼓励来自各个层级、各方面的领导者，帮助实现组织内员工角色的转变。"

但问题是：如果任由各级领导者根据自己所受的教育、独特的经历、个人的性格等来进行领导，这或许会彰显出领导者的魅力，但对组织来说未必高效的。因此，要将各种各样的领导行为整合到整个组织的效率提升中，就需要遵循科学管理的基本逻辑，建立一套领导行为的标准体系。事实上，这正是现在很多组织在推动建立领导者胜任力时的基本逻辑。

越来越多的企业开始建立自己的领导胜任力模型。这个模型不仅能够用来进行必要的人力资源管理，例如人员的调配等。更为重要的是：组织可以在各个层级建立起相应的领导开发项目，然后按照组织的意愿来"生产"或强化领导者。这样就能够在一定程度上保证组织按照自己的期望在组织内更广泛地传递领导力。如果再配合上相应的职业生涯发展，那么领导者不仅能够胜任当下的工作，还能够有序地适应未来的工作，这也为未来的传承奠定了基础。

3. 传承：让磨合基于共同的事业

传承过程中何时交接、如何交接非常考验交接双方的智慧。人们常说，"扶上马送一程"，但是怎么扶、送多远是至关重要的。这如同接力赛，传接棒技术是接力赛成绩的重要影响因素。传接棒的时机、传棒人最后 25 米和接棒人起动后 25 米速度的配合十分关键。如果接棒人未抓紧或传棒人一直不松手，成绩都会受影响。

传承过程中，组织一定会经历由人事变动带来的风险。为了更有效地控制风险，两代领导者可以共同设计一个机制来加速磨合。前任领导者要有意识地打破已有的格局，并且帮助继任者建立新的格局。新的格局不是对过去的简单继续，也不是与过去的完全告别。可以由一个项目来驱动传承，这可以让磨合基于一项共同的事业，而不仅是权力的交接班，至少可以把注意力从权力方面转移到未来的组织发展方面。

继任者的领导力提升显然是需要时间的，不应该奢望继任者立刻就能表现优秀。即使组织绩效还能够继续提高，也不应该被视作领导力已经成功传承的标志。如果继任者以独特的方式来建立并努力实践自己内心的目标，传承就可以告一段落了。

选拔和培养新的领导者

尽管领导开发是以领导效能为目的，对领导系统进行整体发展和优化，但其中最为核心的依然是选拔和培养新的领导者，它也是决定领导开发体系效果的根本。

1. 选拔

领导开发的核心就是选拔和培养新的领导者。因此，选拔和培养组织领导者就成为最突出的一个问题。在这方面，通用电气的"机舱面试"常常被人们津津乐道。这个面试一共有两轮。在第一轮，公司董事长会跟每一位候选人单独见面，问同一个问题："假设只有你和我在公司的商务飞机上面。飞机马上要坠毁了。你认为，谁应当成为通用电气的下一任董事长？"这就相当于候选人必须选出一个自己的竞争对手，同时还要对其他所有候选人进行详细评价，列出他们的优点和不足。在第二轮机舱面试中，问题是这样的："假设在飞机事故中，我死了，你还活着。那么，你将如何组织自己的领导班子？你会让谁来做你的左右手？"通过机舱面试所设置的最极端的情形，我们也不难体会到：领导的传承对一个企业来说是多么重要。

领导者选拔的首要问题是领导者的来源——内部和外部。所谓内部，就是前任的直接下属；所谓外部，只要不是前任的直接下属，都可以定义为外部，即使候选人来自组织的其他部门。但这两个来源各有利弊。

（1）内部的优点：内部选拔能健全完善内部的竞争机制，当员工知道只要自己努力工作，便有机会获得晋升，就会产生强烈的竞争意识；能调动员工的积极性，内部政策会对员工产生极大的激励作用，他们会积极地提升自己，去满足工作的要求；继任者熟悉情况，能尽快进入角色；能节省评价费用，相比外部人，企业对内部人的了解显然要多一些；保持企业政策的连续执行。企业在稳定的发展时期，特别需要企业政策的一贯执行。内部的申请人由于对企业活动有着较深刻的了解，便于保持政策的一贯性。

（2）内部的缺点：很难摆脱原有各种关系的制约；没有接受

外界的经营思想，缺乏创新意识；容易出现论资排辈的现象，如果员工认为只要自己的年资积累到一定的程度，自然就会得到晋升，在工作中就会谨小慎微；员工缺乏竞争意识，生产效率低下。

（3）外部的优点：能够接受外部新的思想，调整企业的知识结构，增强创新；节省培训费用。

（4）外部的缺点：费用偏高，尤其是对那些职位较高的人员，往往要通过猎头公司招聘；缺乏对企业的忠诚，由于外聘人员认为自己同企业仅仅是雇佣关系而已，因此流动性也相对较大；进入角色的时间较长，对一种文化的适应需要较长一段时间。

综上，内部和外部各有优缺点，企业要根据自己的具体情况做出选择。有研究表明：对于大型企业、业绩较好的企业，更倾向于从内部选拔；而对中小型企业、业绩出现问题的企业，更倾向于从外部选拔。

2. 培养

一个优秀的领导者是可以培养的；为了更有效地培养领导者，企业需要构建相应的领导胜任力模型，这奠定了领导者培养的基础。

领导者培养越来越成为当下许多企业关心的内容，越来越多的企业都在着力建设有针对性的领导者培养计划，将领导开发具体落实。与管理技能培训、专业技术培训相比，领导者培养有着明显的独特性，主要表现在以下几个方面。

（1）范围广：领导培养涉及许多方面，如愿景建设、目标设定、个人影响、团队建设、激励反馈等。领导能力不是单纯的一项技能，而是多种技能的组合。仅仅掌握一种技能或几种技能，并不能成为优秀的领导者。

（2）时间长：要成为一名卓越的领导者，不仅需要掌握必要的知识和技能，还必须对组织知识有深刻的认识，需要深入了解组织已有的领导特色、组织文化、组织内部的运作关系等，以便将各种体会充分融入自己的领导行为中。这都需要时间。

（3）形式多样：单纯的课堂教学并不能将企业优秀的领导经验传递给未来的领导者。形式多样的培训将有利于促进培训知识的转换，有利于潜在领导者更好地理解领导这样抽象的概念。

（4）培养人：管理技能、专业技术培训的培养人大都是大学讲师、咨询人员或是专家学者。在领导者培训中，他们仅仅在课堂教学中发挥作用。在大部分的培养时间里，潜在领导者需要向自己的主管和其他资深的领导者学习。在实际的领导情景下，这些导师的言传身教会将成功的经验和失败的教训更有效地传递给未来的领导者。

企业需要十分慎重地设计领导者培训体系。著名领导学专家亚伯拉罕·扎莱兹尼克（Abraham Zaleznik）认为：企业领导者与艺术家、科学家和其他创造性思想者的共同点似乎远远大于他们与管理者的共同点。对于要开发培养那种共同气质和兴趣的商业学院来说，应该多注意培养他们的创造力和想象力。如果能成功地做到这一点，企业就能培养出更多适合领导岗位的杰出人才。

3. 基于问题的学习

现在的领导者培养更加着重于"基于问题"的学习（problem-based learning, PBL）。所谓"基于问题"的学习是学习者围绕着一个难以解决、非例行的问题，共同寻找、选择最优化的信息资源、可行的解决方法，并在此实践活动过程中获得较为完整、具体的知识，发现自身的解决问题能力、反省能力、批判性思维等高层次思维能力的学习方式。

"基于问题"的学习有以下三个典型特点。

（1）问题性：问题是整个学习过程的切入点，一个好的问题可以为学习创设一个跟现实相符的学习环境，引起参与者的好奇心和认同感，激励他们探索所要接受的新知识的深层意义，并把他们的思考引向深入。从某种意义上说，基于问题的学习的成功与否关键就在于问题本身。

（2）自主性：参与者需要自己确定、寻求各自的学习目标，自主选择最适合当前问题所需的相关资源。教师扮演的只是一种学习辅导者的角色，他们促进参与者学习，鼓励每位参与者积极投入，并保证参与者不偏离问题的主航道，避免消极的反馈。

（3）合作性：在"基于问题"的学习过程中，为了能得到更多可行的解决方法，参与者必须积极地相互合作。参与者拥有的不同的知识背景和组织背景能够丰富整个学习团队对于问题认识的全面性，也为未来产生更加合理的解决方案奠定了基础。

PBL 的学习模式更加适用于领导者培养。首先，PBL 教学法为接受培训的潜在领导者营造了一个轻松、主动的学习氛围，使他们能够畅所欲言，充分表达自己的观点，同时，也能够了解到其他人的观点，在 PBL 学习模式下小组成员间存在"发言期间不予以评判"的默契，保护了他们的自尊心；其次，它可以尽可能多地发现领导工作中存在的问题，进而让潜在领导者在讨论中加深对理论的理解，分享经验，缩短学习过程，强化培训效果；最后，它还可锻炼潜在领导者多方面的能力，如搜集整理资料的能力，归纳总结的能力，逻辑表达的能力，主动学习的能力等，这些将为潜在领导者今后开展领导工作、坚持终身学习打下良好的基础。更重要的是，基于问题的学习是一种简便迅捷的丰富工作经历的方法。如果没有足够的时间及充分的规划为潜在领导者安排相应的工作经历，企业完全可以通过基于问题的学习方法为没有机会和时间经历各种工作的潜在领导者提供更全面的经验。

新的领导者的选拔和培养是整个领导开发体系中的核心，选拔相对要更重要一些。**无论从内部还是外部来选拔领导者都需要把价值观充分融入选拔的标准中，在底层理念上达成共识。**保护好领导者的重要举措就是要认真培养、充分赋能，以保障他们能够面对更为艰巨的挑战、解决更为棘手的问题。

本章小结

企业的持续发展离不开持续有效的领导。当人们在更广阔的视野中去审视组织发展时，如何保障有效领导的持续性就成为组织发展的根本问题。这个问题的一面是有关个体领导者在组织内的健康成长，使他和组织能够相得益彰；另一面则是在时间和空间上有效的领导传递。百年企业，是一个梦想，这个梦想必须通过一代代有效的领导来具体落实。

第 10 章

目标的保障

领导者的使命是带领组织实现目标。为了更好地实现目标，领导者还需要管理好自己的注意力。领导者特别容易被其他事务吸引和干扰，所谓"久久为功"，就是要求领导者能够持之以恒、锲而不舍地保持专注。目标的实现有赖于坚决的执行力，变化的环境要求领导者不仅要执行，而且要发挥自己的主观能动性，更加积极、科学地执行。最后，为了保障目标更好地达成，领导者还要做更有效的复盘，追求卓越才能更高效地实现预定目标。

集中注意力

《庄子·外篇·达生》讲述了这样一个故事：有一次，在一片树林，孔子看到一个驼背老人用竿子粘蝉。蝉那么小又在高高的树枝上，但是老人做起来就好像从地上捡拾树叶一样轻松。孔子说，"老先生粘蝉的水平真是高啊，有什么窍门吗？"老人说有练习方法，但是更关键的是："我立定身子，犹如临近地面的断木，我举竿的手臂，就像枯木的树枝；虽然天地很大，万物品类很多，我一心只注意蝉的翅膀，从不思前想后、左顾右盼，绝不因纷繁的万物而改变对蝉翼的注意，怎能不成功呢？"听到这，孔子很是感叹："运用心志不分散，高度凝聚精神，恐怕说的就是这位驼背的老人吧！"

老人家之所以能够把一件看上去非常不容易的事情做到驾轻就熟，很重要的一点就是"集中注意力"。"集中注意力"本来就是一件不容易的事，而在信息越来越发达的今天，"集中注意力"就变得更加困难了。

从个体角度来说，注意力是业绩的重要保障，而从商业角度来说，注意力就意味着商业机会。谁能够得到最广泛的、最有效的注意力，他也就掌握了市场的关键。今天的经济已经被定义为注意力经济，注意力已经成为最为宝贵的资源。下面从一些耳熟能详的管理要素进一步看看注意力的底层影响力。

1. 流量：多关注多停留

基于网络的商业领域，流量就是一切，有了流量，就意味着商业成功。流量就是网络拜访量，之所以有网络拜访，就是在浩如烟海的网络世界里得到了注意。无论是出于什么目的，人们的目光在这里得到了短暂停留。网络经济的本质就是希望得到更多的注意力，同时最好让注意力尽可能在这里停留久一点。从这个角度看，可以用注意力来定义流量。

为了商业成功，就必须获得流量，这就像当年商业百货经营原则的最重要一条就是地段一样，因为地段决定了客流量。只不过网络流量入口要更多一些。在各种流量入口，也就是所谓吸引注意力的"点"上，最重要的流量入口之一就是产品。产品品质从来都是商业成功的基础，在注意力经济下，除了内在品质的保障，人们也更加关注外部的装饰。

如果说过去的产品设计理念是满足人们的需要，那今天产品设计的一系列特征就是要对消费者和外界产生吸引力，激发人们的好奇心从而产生购买行为。要做到这样，产品设计人员必须了解人们的注意力所在，然后通过色彩、构图、文字、语言等激发购买欲。例如，看看现在那些餐饮店的牌匾门头，主打的就是"情怀"，很多产品外包装上面的文字似乎比产品本身更重要，喝酒的人们也经常会把"哥喝的不是酒是情怀，是寂寞"之类的话挂在嘴边。但仅吸引了注意力还是不够的，因为人们的兴趣点和注意力经常变化，所以那些聪明的设计人员知道与其费尽心思去了解人们的注意力，不如直接请消费者加入产品的迭代创新过程中，这样消费者注意力的变迁就在消费者的直接参与下得以继续掌握。

除了产品本身，那些网络主播为了迎合粉丝也是各显神通：直播间商品的价格优惠、颇有些了解人们心理的话术设计、主播的才艺展示等，目的都是让人们多关注、多停留。

2. 人力资源管理：吸引员工注意力

虽然人力资源管理理论已经提供了非常丰富的框架和手段，但是真正能够进行高效管理对企业而言始终是最大的挑战。尤其在员工流动越来越频繁的今天，想要获得员工对组织工作的敬业投入就更加困难。于是，企业开始意识到在招聘过程中寻找价值观一致的工作申请人更为重要，或者在员工入职培训时加大价值观的导入和强化。但是，现实却反复证明这是一项不可能完成的任务，因为一个人的价值观更多是在早年形成，后期的影响已经微乎其微。

与其花费很大心思整合员工的价值观和行为，不如通过公司政策和行为方式吸引员工的注意力。从企业内部陈设、产品方向到文化活动、人际关系等，要让员工觉得有趣。人力资源管理最好能达到这样一种效果：我们虽然不是一路人，各有各的脾气秉性，但是我们都关注共同的事物。这一点可以从风景摄影中得到启发。美丽的风景会吸引拥有各种装备的摄影爱好者，他们背景迥异，但是他们的"长枪短炮"都被吸引过来。绩效管理中人们强调的"上下对齐，左右互锁"根本上就是在把注意力统一起来。如果这样，那些所谓的"躺平""摸鱼"也就没那么重要了，因为人们的网络怠工行为无法避免，更重要的是企业是否掌握了他们的注意力。

所谓"00后整顿职场"，或许还可以这样来理解：年轻一代试图用自己喜欢的方式建立起赏心悦目的工作场景。过去的工作关系、工作方式、工作条件和他们的预期不一样。不要再去讨论什么利弊得失，这必然是未来发展的方向。从企业的角度看，简单地通过激励或者是公司政策的调整来迎合他们其实不仅是不理智的，而且成本高，重要的是要了解他们的兴趣和关注点有着怎样的转向。

3. 战略管理：抗拒诱惑

事实上，整个战略管理过程都与注意力密切相关。战略之所以失败，其实是在制定战略时缺乏集中注意力、战略分解过程中不能有效联系个体注意力以及在执行战略时更加"三心二意"。战略目标是组织领导层在一段时间注意力的集中表现，它不仅决定了未来组织的资源配置，而且在战略制定过程中的深入分析和理性梳理让整个公司的注意力都聚焦到共同的战略目标上。为了实现这一点，在战略目标确定的过程中，领导层必须号召大家进行充分讨论。

人们最关注与自己有关的事情，让相关人员深度参与战略分析过程，要知道战略分析过程就是一个注意力聚焦的过程。不管采用怎样的分析工具，目的都是让高层对组织的现状以及竞争态势达成共识，并指导未来可能的行动方案。外赋的目标不能吸引和得到个体的注意力。需要注意的是：达成共识和聚焦注意力并不是一件事。人们或许可以认同你的观点，或者是被说服，但这并不意味着人们会在未来将自己的关注点投入组织的战略目标上。与其说是用理性将战略目标及战略方案以战略地图的形式展现出来，不如让人们将达成共识的目标内化到自己的关注体系上来。

组织整体战略必须分解到每个员工，这让大家知道自己在整场战役中的具体战斗目标。如此，战略目标就分解到每个个体为了实现这个目标所应该做的工作之中，在整体目标的基础上，个体必须明白自己的注意力应该是怎样的。尤其要说明的是：当一个员工的目标不止一项时，就涉及目标间的排序。非常紧要的是上级领导不仅要布置目标，而且要把目标的优先顺序一同布置下去。

战略执行是一场漫长的旅行。在这个过程中，组织的高层领导者的注意力经常会被路上的风景和突然的情况所干扰。市场总是在不断发出一些信号，有些信号是相当具有诱惑力的，这就让组织领导者的注意力发生偏离。如果目标的制定是理性的，那么坚持它才是实现它的最重要的条件，正所谓"将军赶路，不追小兔"。

当然，根据环境做一些变化也是非常正常的。这就需要认真评估什么是机会、什么只是诱惑。根据企业实践来看，如果市场出现的新情况能够被加以利用并强化目标达成，这显然就是机会；如果市场出现的新情况只是干扰注意力，并让我们偏离甚至彻底放弃原先的目标，这基本上就属于诱惑。

4. 保持正念：将注意力转移到内部建设上

管理学研究中借用佛学的一个概念"正念"来描述人们对内外环境的感知或意识，它是一种开放的、聚焦于当下的客观认知。"正念"要求人们在对内外环境进行观察时不带有任何的判断和评价，不事先赋予任何含义。

这其实是非常困难的，经验和偏好很容易就将人们带进"选择性注意"的状态。一旦有了"选择性注意"，个体判断和行为就不可避免地会偏狭。失去"正念"的领导者，往往更加以自我为中心，想当然地做出不太合适的经营决策。

不断变化的环境与其说是对领导者经营能力的测试，毋宁说是对其心理的巨大考验。领导者要屏气凝神地体会当下的环境，重新建立自己对于未来的认知，甚至抛弃已有的经验和自豪，在"正念"的驱动下重构经营策略，反求诸己地管理好自己的注意力。正如《论语》中所描述的"勿意、勿必、勿固、勿我"。

在互联网时代，快速变化已经成为常态，这对领导者提出了更高的要求：他不仅要保障在一段时间之前所制定的战略执行要有高注意度，还必须关注在这个领域及相关领域的动态。如果说过去的服装制造商只需要关注服装制造行业的变化就可以了，但今天必须还要将注意力分散到布料、潮流、明星、口碑、网红等上，能将注意力更开阔地放开并且还能够收回来，这不是一般的挑战。

要实现企业健康持续成长，组织需要将注意力转移到内部建设而不是外部机会。内部组织的优化是一件十分细致的工作，需要时间。例如，人才的培养需要时间，信任的建立也需要时间等。内部优化或许不能产生"立竿见影"的经济效果，却为企业行稳致远夯实了基础。企业的领导者必须学会放弃一些机会，牺牲一些眼前的商业利益。这对领导者个人绝对是一个挑战，除非他从内心认同这是一件正常的事情。

纷繁复杂的环境变化考验着领导者的注意力。没有战略定力，就很容易被干扰。注意力飘忽不定，注定将一事无成。正如郑板桥的《竹石》所描述的："咬定青山不放松，立根原在破岩中。千磨万击还坚劲，任尔东西南北风。"领导者管理好注意力才能在根本上保障目标的实现。

积极的执行

计划绘制了企业发展的蓝图，而执行就是将蓝图从纸面设计转换为现实情景。与动植物的自然生长不同，企业成长从来都是通过精心设计和预先安排然后调动各种资源有条不紊地加以实现。制订好的计划没有被执行或没有被执行到位，不管是因为执行层不愿执行还是没有能力执行都意味着整个管理工作没有最终形成闭环。

过去的执行无非是将计划所规定的任务、程序、标准，准确无误地落实到位。在年底或年初的时候，企业决策者会在分析内外部信息的基础上制订一份详细的工作计划，它清晰地规定了各个部门的职责和任务：研发、制造、市场……之后，大家按部就班地循序推进即可。

但是，现在的情况要复杂得多。大家已经普遍接受由环境的复杂性和动态性所带来的巨大不确定性，不仅给企业经营带来了巨大风险，也对具体的执行提出了更高的要求。即使企业在计划阶段尽可能地掌握内外部的信息，决策的疏漏仍然在所难免。在很多情况下，执行时所面对的环境与决策层制订计划时的设想完全不同。正是因为计划与现实之间的差别，人们常常会有这样的疑问：情况变化了，条件不具备了，还继续执行吗？

这里，我们不妨把所谓的条件简单分为两类：一类是完成任务所需要的具体条件，另一类就是由企业提供的可以让执行者喊出"没有条件创造条件也要上"的条件。前者主要是物质层面的，是与具体待执行的任务密切相关的，例如特定设备、装备、工具、办公资源等；后者主要是精神层面的，与执行者的心理状态密切相关，例如自信心、成就感、自豪感等。大庆油田王进喜的故事带给我们的启示是虽然物质是执行的基本条件，但是执行者的精神状态可以在一定程度上弥补前者的不足，他的豪言壮语正是对积极执行最精准的定义。

经营环境瞬息万变，相较于变化，物质条件的匮乏几乎是永恒的。为了激发员工的主观能动性，通过积极执行来实现预定目标，领导者必须认真创造积极执行的心理条件，具体包括以下四个方面，如图 10-1 所示。

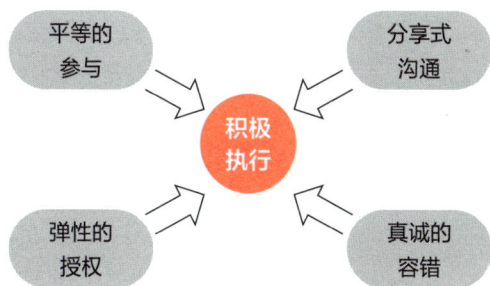

图 10-1　积极执行

1. 平等的参与：员工参与决策

能够积极执行的重要前提是：执行人对于计划的熟悉程度。如果一个人对于计划的来龙去脉都不清楚，尤其是对于订立计划过程中的评估和权衡都不太了解，他就很难站在整个计划的角度去思考和变通。当员工对决策意图有了更充分的理解，对组织目标有了更多的把握就更容易产生合理的共情。"将在外君命有所不受"并不是鼓励执行者的任性，而是考验不同层级组织成员在行动一致性方面的默契。

研究表明：员工会带着更加积极的心态去执行自己参与制订的计划。如果员工的意见能够反映在决策中，如果员工对决策有充分的了解，他就更容易建立对决策的责任感。在责任感的驱动下主动思考和积极行动也就顺理成章了。

更重要的是：参与对于执行者来说还意味着信任和尊重。"鞍钢宪法"明确提出了"干部参加劳动，工人参加管理，改革不合理的规章制度，工人群众、领导干部和技术员三结合"，即"两参一改三结合"的制度。在这个简明的管理经验中，特别强调了管理人员应该了解生产一线的基本情况，员工也应该被邀请参加组织管理制度的制订工作。虽然这个提法多少有些时代的色彩，但是也有值得我们借鉴的地方。随着新生代成为工作主体，一方面他们广泛的知识和信息来源为组织顺利完成任务提供了更多保障，另一方面他们对于自我的成就感和工作自尊都有了更高要求。因势利导地让员工参与到决策中来，已经成为今天企业经营环境的底色，也顺应了员工的心理需要。

2. 弹性的授权：给予员工合理的权力空间

如果组织建立起明确的工作职责和严格的考核制度，工作责任感还是有保障的。但当新问题出现，超出了工作说明书所描述的范畴，人们会有怎样的表现？即使企业定期更新工作说明书，仍然会有工作职责限定以外的情况发生，为了避免推卸责任，让员工更积极地执行，就必须在基本的权责体系下赋予工作承担人一定的弹性权力。

在授权方面，领导者非常谨慎，主要是担心风险失控。在管理实践中，人们也意识到：对于不同的下属应该给予不同的权力。领导生命周期理论已经明确说明，在下属工作能力不断提高并且对待工作的态度高度积极时，领导者应该采取的就是逐步授权的管理模式。这时，为下属提供施展的空间比给予各种奖励都要有效。**授权是对员工最宝贵情绪的呵护。**一个人想干好又能干好，为什么不让他去干呢？工作上不放手、不信任才是对积极执行最大的伤害。当然，一个人想干好但能力不够，如果还是通过一味授权去激励，恐怕就适得其反了，会出现"好心办错事"的情况。因此，领导者要根据员工的具体情形弹性授权。

弹性的授权可以将员工的积极执行与最终结果紧密结合起来，增强执行时的成就感。因此，在讨论员工的执行力之前，最好先反思他们是否得到了与其行为相匹配的权力。拥有权力人们未必会产生相应的行为，但没有权力，人们就一定不可能产生行为。"不在其位不谋其政"，权力驱动着人们的行为，只有给予人们弹性的权力空间，才能使他们更加从容地应对变化的工作和环境。

3. 分享式沟通：共情与支持

沟通对执行最明显的作用就是督促和检查。在训练走队列的时候，为了让队列走得整齐，教官会喊一个简单的口令"一二一"。看看那步伐整齐划一的检阅部队，其实就是有赖于"一二一"这个最简单的口令。那么这个"一二一"相当于什么呢？从具体的效果来看，它就是定期对队伍的执行情况进行检查。没有检查，即使训练有素的队伍也会越走越凌乱；有了检查，人们就会有意识地按照要求执行任务。从执行力的角度看，如果一年检查一次，执行力就很弱；如果半年检查一次，执行力就略有提升；如果每季度检查一次，执行力就会进一步提升；如果每个月检查一次，执行力就比较强；如果每周检查一次，执行力就会更强；如果每天每时每刻都有检查，就像现在很多公司使用的内部工作平台，执行力就从组织层面得到保障。

不仅如此，在执行过程中上下级之间保持顺畅的沟通，可以更有效地推动和保障积极执行。在具体沟通时，可以讨论如下问题：

- 工作的进展如何？
- 团队是否在正确达成目标和绩效标准的轨道上运行？
- 如果有偏离方向的趋势，应该采取什么样的行动扭转这种局面？
- 哪些方面的工作运转良好？
- 哪些方面遇到了困难或障碍？
- 面对目前的情况，要对工作目标和达成目标的行动做出哪些调整？
- 上级管理人员可以采取哪些行动来支持员工？

通过上述开诚布公分享式的沟通，上下级可以就变化的情况进行再次分析，这就给了上级修正之前决策的机会。尤其对于突发的新情况，通过沟通，上级不仅可以进行资源调整和补充，而且上级所表现出来的共情可以让下级得到重要的心理支持，让下级感觉到在积极执行的过程中他不是一个人在战斗。

4. 真诚的容错：错误并不可怕

摔盘子的通常是洗盘子的，这就是人们常说的"洗碗效应"，多干事多犯错、少干事少犯错、不干事不犯错。如果对工作中出现的"错误"没有包容，甚至将它当成惩罚的借口，就没有人会去积极执行。"人非圣贤，孰能无过？"那些在工作中积极想办法、努力想有所作为的人，承担的责任就会更大，工作中出现失误的可能性必然就会相应增大，因而受批评和指责的概率也会更高，甚至个人职业生涯都会受到影响。反观那些少干甚至不干的人，出错肯定很少，当然也不会受到批评，偶尔干好了一件事，反而能得到更多的表扬和奖励。如果这种理念在组织中得到广泛认同和实践，没人想干事、没人敢干事也就顺理成章了。

积极执行不可避免地会出现问题，其原因很简单：新的任务分派了，但是执行者并不具备相应的执行能力；新的情况出现了，执行者完全没有相应的经验，又或者执行任务的条件不具备等等。对待积极执行中出现的问题，领导者在评价时，更需要从动机和过程的角度出发，不能简单地拿结果作为衡量的标尺。"态度决定一切"算是对积极执行最大的肯定，或许结果并不理想，但是在执行过程中，如果态度不端正，那才是不能被包容的。

事实上，对错误的不宽容是影响执行者内在工作动机的主要因素。华为轮值董事长郭平曾说道："我们要宽容，要敢于试错，不要太追求完美。环境的复杂多变使得技术、商业、管理上的持续创新成为必需。在对业务不确定性的探索中，需要包容合理的试错，公司要有宽阔的胸怀来包容干部在业务不确定性探索中的犯错。"对错误的包容能够为那些想干事、能干事、善成事的人提供了积极的正向反馈，人们才愿意去积极思考和实践，改善工作和提高组织效率才有坚实的价值导向。

以上"四点"都是管理的基本职能。领导者需要意识到：今天的企业不仅需要员工的执行，更需要员工的积极执行。瞬息万变的市场要求执行者表现出更多的主动性，通过他们的积极执行，来弥补决策时的疏漏。相较于变化的环境，"万事俱备"是一种奢望。组织不可能总是提供充足的物质条件，但组织却可以通过优化管理来为员工创造优越的心理条件，以昂扬的精神面貌因地制宜地积极执行。

必须承认：再完美的计划也不可能对未来发生的情况做出准确的预测，因此在执行过程中总不可避免地出现这样那样的异常情况，这时候就需要执行者能够承受压力、痛苦，想方设法去面对。与知难而退的员工相比，能够积极想办法，以不达目的誓不罢休的态度推进工作的员工才是卓越的执行者。平庸还是传奇，就看他们能否在没有条件的情况下凭借着不屈不挠的精神力量去完成看似不可能完成的目标。

更好的复盘

在"复盘"这个词被商界广泛使用之前，它只是一个围棋领域的术语。所谓"复盘"，是指"对局完毕后，复演该盘棋的记录，以检查对局中招法的优劣与得失"。其实，类似的行为在管理实践领域中早已非常普遍，只是人们使用比较多的词是回顾、总结、反省、反思等。

用什么词不重要，关键是能够让企业意识到相关行为的价值。"复盘"的逻辑很简单，但对个体来说，可以改善认知、纠正错误的行为，强化正确的行为；对组织来说，通过经验、知识、能力的不断积累并形成记忆，有助于企业的成熟和未来的发展。"复盘"是一种回顾性的学习活动，目的是营造企业内的学习与改进氛围，通过企业的自学习机制保障企业动态能力。

正如学习也有效率和效果的问题一样，为了使"复盘"能够发挥应有的作用而不仅是一种形式，我们对"复盘"做以下提醒。

1. 结论不一定正确

"守株待兔"的农夫显然是做过"复盘"的，他的确见到了撞树的兔子。他相信他的眼睛，也相信由此建立起来的逻辑关系，但不幸的是，他的结论是错误的。

"复盘"的成果通常表现为一些判断。虽然这些判断经过大家的深思熟虑，但这并不意味着"复盘"的结论就一定是正确的。比较有名的例子就是第二次世界大战中著名的曼施坦因计划。对于第一次世界大战，参战国肯定都经过了深刻的反思。作为战胜方的法国认为：由机关枪和堑壕组成的防御工事可以有效地阻击德军，使战争进入拉锯状态，从而为整个战争争取时间。正是在这种逻辑下，法国修筑起了马其诺防线。作为战败方的德国认为，尽管德方的攻击力显著增强，坦克也可以在北部平原作战，但势必会陷入胶着状态。在征求了古德里安的意见后，参谋长曼施坦因提出了大胆的想法：绕过马其诺防线，突破阿登山口。

站在法国的角度，对成功经验的总结是没有问题的，但可惜的是：法国的复盘并没有实现从这次成功走向下次成功，而德国的"复盘"倒是再一次证明了失败是成功之母。同样的老师和同样的教材，学习者可能会有不同的学习结果，就好像战国时期鬼谷子教出了孙膑和庞涓两个不同的学生一样。"复盘"得出的结论通常是有一些附带条件的，后来者在研习前人的"复盘"结论时，最好保持一种谨慎的态度。

2. 强制内部归因

从本质上看，"复盘"就是要为出现的客观结果和导致结果发生的行为之间建立因果关系。只有建立了明确的因果关系，才能更有针对性地提出改善行为的方法。寻找因果关系是人类试图理解、控制和预测未来的重要手段，这正是心理学归因理论的研究范畴。

归因理论指出：人们在寻找因果关系时经常会出现一种所谓"自我服务偏见"的谬误，也就是个体倾向于将成功归因于自己的能力或者努力，而将失败归因于外部因素的限制或变化。有意思的是：在有利于自我的同时，人们对他人的归因却是另外一种样子：个体倾向于将他人的成功归因于外部的帮助或者运气（"他为什么成功，运气好呗"），而将他人的失败归因于他人的能力不足或者努力不够（"就他那水平，肯定不行啊"）。

或许正是因为这样一种误区，复盘会的气氛常常并不融洽：人们在表达自己的成就或者为自己的失败寻找借口的同时，还会拐弯抹角地贬低他人。这样不仅让"复盘"无法顺利进行，也会使"复盘"得出的结论更加片面。更麻烦的是，在互相的轻视中，

"复盘"所期望实现的互相学习的氛围是不可能实现的。

为了提升复盘的效率，不妨对复盘做一个强制性的设置：内部归因，也就是说，凡事从自己的角度想：如果做好了，是什么外部因素给予了支持，自己做出了怎样合理的表现。如果没做好，自身的原因是什么；虽然外部条件很困难，但是自己的应对又有什么不妥之处。无论是成功还是失败，都可以自信或坦诚地从自身找原因，将"反求诸己"作为复盘的群体心理底色。

3. 引入更高阶的认知

既然复盘是为了更好地发展，那么很重要的就是要通过复盘找到更有效的方法实现突破，否则就是原地打转。参考复盘的原始含义：围棋复盘时，通常会请高手来给予指导。两个臭棋篓子再怎么努力地复盘，能够取得的进步也是有限的，而一个围棋九段选手指导两个五段选手的复盘，就能给他们带来不一样的思路和方法，因此，只有经过高人点拨才能实现在某些关键点上的实质性突破。套用互联网的术语，就是从更高的维度来认识问题，才能让解决问题的方法更有效率，也才可能产生所谓的螺旋式上升。

复盘常常发生在任务组内部，如果没有外部的知识或者能力加入进来，复盘看上去热火朝天，但实际的进步速度很迟缓，甚至复盘越仔细，越可能失去其他发展的可能。如果通过复盘形成了小组的"固执己见"，或是一遍遍地强调，对其他的可能性采取选择性认知，那么这样的复盘反而有阻滞作用。如果有真正的高手给予引导、启发，人们就能更有效地进步。或许采取和之前截然不同的方法。

如果期望复盘能够带来未来的巨大改善，复盘的过程中邀请那些对相关项目非常熟悉的专家或者"过来人"加入就非常关键。

尽管某些经验需要亲身体验才能真正领悟，但在一定知识储备的基础上，合理利用他人的间接经验无疑能够提高学习效率并促进更大的进步。

4. 调校复盘的基准

在通常的复盘流程中，要求对照之前预设的目标找到差异，进而发现原因。尽管参考过去的目标可以帮助我们避免重复曾经的错误，但生活是向前的，未来不是过去的简单复制，过去的经验不能解决未来的问题。例如，通过不断复盘，我们知道在乡村小路上应该怎么骑车，但是在城市的公路上，甚至我们被要求骑摩托车，那么曾经复盘出的骑行经验，有些对新环境依然适用，有些或许就会成为阻碍。

既然生活一直向前，在复盘时还需要将未来的目标当成参考的对象，这样能够使得修正后的方法，既可以防止重犯同样的错误，也可以预防未来可能的错误。这就进一步要求：复盘过程中要加强反思。如果经由复盘只是得出一些非常具体的、基于特定事件的结论，那么，未来当内外环境或工作条件发生变化时，这些结论就没有意义了。

复盘的目的不止在于完善单一任务的执行，更在于培养处理各类工作的能力。

尤其是在今天这样一个不确定性的环境下，复盘显得尤为重要。复盘旨在提高人们的学习能力，因为谁都无法保证具备应对一切工作和环境的知识与技能，但是，通过刻意的复盘练习，我们可以建立一个良好的认知逻辑：问题总是有的，具备解决问题的能力才是根本。

最后，我们也要讲究复盘的效率。复盘必须言简意赅、直击问题。有些公司的复盘简直就是一场秀，大家用大量的时间来做PPT，在演示的时候也是极尽夸张之能事。这样的做法尽管增强了复盘的仪式感，但是容易转移人们的注意力。《论语》中孔子对颜回的评价是"不迁怒，不贰过"，这恐怕也是对复盘最好的解读：复盘之时，不会推诿；复盘之后，不会再犯同样的错误。这也难怪孔子认为颜回是最好学的。其实，凭着这"两点"做复盘效率就会更高。

本章小结

尽管领导者已经确定了目标，但是实现目标是一项艰巨的任务。虽然实现目标本身就是对变化管理的预先控制，但是不可否认的是：变化对于领导者有着巨大的影响，要保持"目标导向"无疑是一个很大的挑战。再伟大的目标如果没有脚踏实地的积极执行都是"空谈"，而能够在执行过程中不断总结，追求卓越就不是遥不可及的梦想，由认真复盘所推动的不断改进终将会让梦想照进现实。

第 11 章

警惕破坏性领导

这本书讨论的主题是领导。事实上，当写下"领导"这两个字时，我们通常想要表达的是有效领导，正如说起"朋友"两个字，其实想要表达的就是好朋友。但现实中，的确存在某些领导者，他们曾经取得过辉煌的成绩，也被组织安排在领导者的位置上，然而他们的行为却已经开始给企业带来伤害。这就是最后想要提醒大家注意的"破坏性领导"。

首先对失败的领导者和"破坏性领导"做一下区分。以最终是否实现目标为衡量标准，可以把领导者分为成功和失败两类；以是否走在实现目标的正确轨道上为衡量标准，把领导者分为建设性领导和"破坏性领导"两类。

之前一直在讨论如何实现成功的建设性领导者。这里回到领导的基本逻辑下，对"破坏性领导"做一点探索性的描述和分析。从本质来看，领导无非是领导者与被领导者在一个环境下发生的相互影响，以便有效实现组织目标。那么，所谓的"破坏性领导"，就是领导者的不当行为可能会给逻辑中的构成要素带来消极影响，使它无法发挥出相应的作用，继而降低了最终的领导效能。

刚愎自用

什么样的领导者更可能是破坏性领导者？领导特质理论流派目前的回答通常是正面积极的：具有什么特质的领导者更可能带来组织的成功。遗憾的是：有关领导者特质的标准答案却一直没有找到，具备什么特质的人都有可能成为优秀的领导者。同理，试图找出破坏性领导的稳定特质也是不可能的。

春秋五霸之首的齐桓公曾经与管仲有这样一段对话，齐桓公问："寡人不幸而好田，又好色，得毋害于霸乎？"管仲回答："无害也。"齐桓公就很好奇，继续问："然则何为而害霸？"管仲答道："不知贤，害霸；知贤而不用，害霸；用而不任，害霸；任而复以小人参之，害霸。"按照一般标准来看的话，一个沉迷于酒色享乐中的君王怎么可能是好的领导者呢？然而，齐桓公的历史功绩却给出了截然相反的证据，它表明不能简单地将个人私德与领导者特质混为一谈。另外，对于一种特质，人们也通常会有两面的解释，例如，一个人非常谨慎，也可以被认为缺乏胆识；一个人深思熟虑，也可以被认为欠缺果敢等等，这更是难以确定到底哪种特质会导致"破坏性领导"。

如果非要找出一个更容易导致"破坏性领导"的特质，大概就是"刚愎自用"了。这里，我们不妨把这种特质对应到近些年领导学研究特别关注的一种类型："自恋型领导者"。所谓自恋型领导者就是指"严格按照个人利益运用领导权力的利己主义者，除为组织服务之外，他们往往利用一切可以运用的资源去帮助自己赢得他人的尊重，并将此作为获取自身优越感的途径之一"。自恋是一种个体特质，但是它的形成却与领导者已经取得的成绩有关，尤其是那些曾经获得过优异成绩的领导者，不断的成功毫无疑问会带来自信和自负，来自下属的大量赞扬会触发并强化领导者的自恋状态。

"自恋型领导"通常会具有一些独特的魅力，但更多的研究揭示了领导者自恋的危害。对于自恋型领导者来说，他的关注点已经从目标、被领导者转移到自己身上，大致认为自己是最优秀的，所有人都不如自己。自恋的领导者更关心自己的利益，忽视下属的感受。从自恋可以引申出来的典型的错误行为包括无法接受他人的建议、从内心里鄙视他人、把工作交给任何人都不放心，这种优越感使他无法建立起更加有效的人际关系。对于可能的错误自恋型领导者会采取推诿的态度，成绩是自己的，失败是他人的。这样就会让领导者进入到失败的循环中而无法自拔，并最终带来组织的失败。回到前面齐桓公的例子，尽管他有一些不良的品质，但还是能够做到知人善任的。

结党营私

有时，领导者与一些被领导者形成更紧密的"小圈子"。围绕领导者周围所形成的非正式组织有一定的必然性甚至合理性，尤其是对那些"挽狂澜于既倒"的领导者，在组织危机中，他必须有一支能够依赖的追随者队伍。在组织变革的过程中，领导者与追随者们建立起不同寻常的信任关系和一致的价值观。

正是这样的群体保障了领导效能，例如唐太宗李世民就有"凌烟阁二十四功臣"等。不过，在硬币的另一面，能够加入领导者核心圈层的人数总是有限的，更多的组织成员正是因为有限而"被疏远"。

有关追随力的研究表明：下属对于领导者目标的参与程度决定了其与领导者的心理契约强度，与下属关系的亲疏远近是一件自然的事情。如果说对待下属方式的差异受到下属或任务的属性的影响，这倒是可以被理解的，若只是因为满足小群体的利益，由此产生的不公平，势必会破坏组织氛围以及相应的制度和规则。当领导者与小范围的追随者形成利益群体后，领导者的行为在一定程度上会被这种圈层所"绑架"，他既不可能平等地对待下属，也不可能将组织目标放在优先等级上。

松下幸之助对于非正式组织有着这样的看法，他说："经常有人提到'消除派系'的问题。然而仔细思考一下，我以为有人的地方就有派系。制造派系是人类的本能，我认为该谈的是这派系是好还是坏。"判断派系的好坏最根本的标准就是它的目的是什么：是组织利益最大化还是派系利益最大化。如果按照《论语》中所谓的"君子不党"，领导者要特别注意避免有意或无意地建设"小圈子"，因为结党就意味着营私，这就一定会伤害他人和组织的利益。

僵化的影响方式

领导者和被领导者之间的影响是双向的，这也是为什么近些年人们喜欢讨论"向上领导"。但事实上，在领导者与被领导者这一对关系中，领导者显而易见是居于主动地位的。对于新生代员工，很多领导者面临着巨大的挑战，主要就表现在曾经的影响方式不再有效。至于说什么新生代员工"整顿职场"，那只是对僵化领导方式的一种排斥而已。

事实上，僵化的领导不仅仅是对于新生代员工。鉴于人们的不断变化，正如《易经》所描述的"穷变通久"循环一样，我们可以说领导的僵化是一种普遍的现象。让人们在感情上不容易接受的是：僵化的主要原因是过去的业绩。过去的业绩奠定了领导者的位置，也赢得了那个时期特定的追随者。经验是对过去的总结，但同时也意味着成为未来决策需要依赖的记忆。从某种意义上说，越是通过各种艰难得到的经验，也就越发的宝贵，也就意味着成为绝对无法割舍的"财富"。领导者如果把这些经验和方法奉为"圭臬"，试图应用到不断变化的各种环境中，这就造成了"僵化"。

在影响方式的选择方面，领导者想当然地用自己认为有效的方式来影响被领导者。从时间轴线上看，年长的领导者用自己既有的方式面对日益年轻化的被领导者；或者年轻的继任者用自己习惯的方式面对年长的被领导者。不加调整的简单延续都是僵化，僵化不意味着老化，而只是没有根据情形进行必要的调整。

破坏组织环境

领导者必然会对组织环境施加影响，从某种角度看，领导者的使命就是要通过组织变革来重新构建组织环境，人们甚至将领导效能与组织变革的状态直接关联。**组织变革包括的内容很多，但就领导者而言，更主要地表现在对组织理念、制度和文化方面的调整和延续。**

一般来说，理念、制度、文化等组织环境的主要构成要素的产生是基于企业遇到的独有问题以及解决问题的特定方法。在一些新的群体和组织中，大多数解决问题的方法源于这些组织的创始人和早期领导者：一位或数位高级管理人员制定并努力实施一种经营策略或工作方法，他们的思想极大地影响着新建企业的发展和员工的思想，并逐渐形塑出员工和企业行为。

外部环境的变化要求组织内部环境能够做出相应的调整，后来的领导者需要对前人已经制定好的组织环境以及运行规则做出调整。环境中会有一些内容是不符合时宜的，也会有一些特别值得珍惜的传统。一般来说，领导者总要采取坚定的态度来革除那些落后的内容，同时，为组织注入一些适应当下和未来的新的因素。"扬弃"在实际操作的时候非常有挑战性，因为这势必涉及人们的主观价值判断。因此，具体的工作方法还容易调整，但涉及理念、权责、文化、人事等方面就不那么简单了。

对于组织环境进行大刀阔斧的拐点式改革，完全不顾传统中有益的内容，试图以全覆盖的方式，将自己的色彩掩盖组织的过去，这不仅是不明智的，对于组织的传承来说甚至是致命的。需要提醒的是：**虽然领导者本来的主要任务就是变革，但是在破立之间，需要保持对历史足够的尊重。**

个人意愿凌驾于组织目标之上

最后这一点，却是破坏性最大的方面。如果领导者是组织的创始人，领导者目标通常与组织目标是一致的，或者领导者将自己的目标通过组织目标的形式呈现出来。一般来说，领导者的意图会体现到组织目标上，或者领导者意图是部分的组织目标，也就是说，这"两个"意图之间其实是共同的。现实的问题是：领导者个体的生命是有限的，而他试图使组织"长青"，于是，他所订立的目标和未来的继任者之间必然会有一番博弈。

对于继任者而言，他首先是组织目标的一部分或者至少要表现出自己对于组织目标的承诺，这大概是他能够被组织接受的前提。从组织目标传承的角度看，继任领导者后续的行为多少要表现出一定的"利他"才可以，他必须充分理解组织目标所包含的意图以及其中的逻辑，然后再将自己的意图融入其中。只有在这样的传承基础上，整个组织才能表现出积极的进化。然而，继任领导者为了表明自己的价值，常常倾向于从修订到否定之前的组织目标，这就意味着组织不得不面临巨大的变革。

在组织发展的过程中，还常常会出现领导者意图与组织目标冲突的情况，这时，强势的领导者就会选择牺牲组织来保全自己的意图。当领导者将个体目标作为优先等级置于组织目标之前时，对于组织来说，这无疑正在酝酿一场灾难。那种经由伪装之后的个体意志，只要将个体利益设置为目标，就一定会以牺牲组织利益为前提。然而，"皮之不存毛将焉附"，当组织不复存在时，领导者又怎么可能超然于事外呢？又或者领导者想着"我死之后，管它洪水滔天"，自己赚了个盆满钵满，组织却付出了惨痛的代价。

综上，从领导基本逻辑的"五个"构成要素简单分析了破坏性领导的可能情况。在领导者对于组织的影响越来越大的情况下，其个人的表现会极大地影响组织表现。在经营实践中，常常可以看到个别领导者的作为直接决定了企业的兴衰。

本章小结

破坏性领导者或许在短期内能够为组织带来绩效，但在更长的时间维度下，他会给组织带来更大的伤害。正是从这个角度看，在讨论如何强化领导力的同时，企业更需要对破坏性领导有所警觉。

失败的领导不一定是破坏性领导，但破坏性领导会带来失败的领导。

后记
Postscript

感恩与时代同行

谢谢这些年来遇到的学习者，他们的赞许、认同、质疑、批评丰富了本书的观点。

谢谢朋友圈的朋友们，通过互动和调研，他们让本书展现了更广阔的视野。

谢谢春秋塾的各位塾生，他们对有效领导的孜孜以求成为我写作本书的动力之一。

谢谢刘佳和北京颉腾文化及中国工商出版社的编辑老师，他们的热心帮助无疑增强了本书的可读性。

最后，谢谢这个精彩的时代。

2025 年 1 月 3 日于北京市丰台区凉水河